からだで悟る！

断食僧が教える「悩まない身心」のつくり方

臨済宗僧侶
野口法蔵

佼成出版社

発刊に寄せて

臨済宗円覚寺派管長　花園大学総長　横田南嶺

平素ご尊敬申し上げている野口法蔵師が、このたび長年の御修行で体験されていたことを一本にまとめて上梓してくださることとなりました。誠に有り難いことであります。

法蔵師のことは、かねてよりそのご著書で存じ上げていました。今の世にもこんな行者がいらっしゃるのだと深く敬意を抱いておりました。

ここ最近になって直接お目にかかるご縁に恵まれました。また、松本市のご自宅を訪ねて五体投地の方法をお教えいただいてからは、毎日百八回の五体投地が日課となっています。

私は修行者として二十年公案禅に参じ、さらに二十五年師家として公案禅に取り組んできましたが、到り得た結論は「ただひたすらに礼拝するのみ」ということでした。それだけに毎日の五体投地は有り難いのです。

私は、今も修行道場で暮らしていますので、道場の朝の勤行が始まる前に、自室で法蔵師よりいただいた千手観音像を祀り五体投地を行っています。これで体幹が調えられて、朝の坐禅がとても坐りやすくなるのです。

百八回の五体投地くらいならば、適度な運動になるのですが、法蔵師はその十倍一日千回をなさっているのです。しかもそれを三十三年も続けられ八百万回も達成されたというのですから、想像を絶するのであります。法蔵師の「行」は、五体投地だけではありません。滝行もなされ、断食にも造詣が深いのであります。私は、今の世においてこれほどの「行」をなさっている方を他には存じ上げません。実に法蔵師は、現在の世に生きる類い稀なる「行者」であります。

「仏道は必ず行によりて証入すべきこと」とは道元禅師の言葉であります。禅宗のみならず、いずれの宗派においても行は大事にされています。しかしながら、残念なことに、この行が単なる僧侶になるための通過儀礼のようになってしまっている一面もないとは言えないのではないかと懸念しています。元来修行はずっと継続すべきものであります。

只今の仏教界の問題は、行が軽視されていること、行をしていても過去のものとなってしまっていることだと私は思っています。

『般若心経』の梵本には、「智慧の完成に於いて行を行じつつあったそのときに」とありますように、この「行を行じつつある」ということが大切であります。

法蔵師は、今も常に行じつつある稀有なる方であります。本書には、その長年にわたって行じ続けて来られて体得されたところを詳細に語ってくださっています。

本書のタイトルが「からだで悟る！」とありますように、行はからだで行うものであり、からだで実証してゆくものであります。からだで行じ続ける法蔵師の言葉は深く、重みがあります。多くの方に紐解いてもらいたい一書であります。

序文

五体投地と坐禅断食のすすめ

船戸クリニック院長　船戸崇史

五体投地とは、インド、チベットの礼拝法です。そこで野口法蔵師に訊《き》いてみました。「五体投地を行うと、どうなるのですか?」。すると、簡単な返事が返ってきました。「わかりません。実践が大事ですので、それは行《おこな》った人にしかわかりません」。なるほど、頭ではなくからだで悟るということか、と思いました。そこで質問を変えました。「では、法蔵さんは、どうなったのですか?」。すると、すごい返事が返って来たのです。

「死ぬのが怖くなくなりました」。……圧倒されてしまいました。

ただ、五体投地を三年間に百万回しなくてはいけないとのことでした。三年に百万回とは、一日約千回を三百六十五日続けるという計算です。通常、百八回（煩悩の数）行うのに一時間はかかりますから、毎日十時間は必要です。実は法蔵師は、三年で百万回を実践した唯一の日本人だったのですね。私は、五体投地で本当に死ぬのが怖くなくなるなら、これこそ緩和ケアの大きな武器になると思いました。「坐禅断食」で〝死の予行演習〟を行い、「五体投地」で心の安寧をはかる――なんと素晴らしい「修行」でしょうか。大変興味を持った私ですが、「しかし、私の場合は診療をしていてちょっと時間的に難しいのですが？」と質問いたしました。すると法蔵師は、「まず百八回を百日間、連日でしてみたらどうですか？　もし忘れたりできない日があったら、〇（ゼロ）に戻って始めればいいだけです。とにかく百日間だけ、毎日五体投地を百八回してみたら、五体投地がどんなものかくらいはわかるかもしれません」とおっしゃいました。なるほど、それならできそうだと、私の五体投地の日課というか、修行が始まったのです。それ以来、現在まで一応毎日続けています。

二〇二三年六月現在、やっと六十三万回に達しましたが、法蔵師のように、「死ぬのが怖くなくなった」かというと、まだまだです。しかし理由はないのですが、「今日一日大丈夫」と思えるようになりました。毎朝の習慣になっているので、朝バタバタしていてできないと、「五体投地しなくちゃ！」とどうしてもそわそわしてしまうという欠点はありますが、今ではなくてはならない朝の行事になっています。法蔵師は実に三十二年と五ヵ月行っておられます（同現在）。すでに八百六万回を超えたと聞きます。ということは、何回死んでも大丈夫ですね。

さて、この五体投地ですが、今も継続している原動力は「一日でもできなかったらまたゼロに戻る」という言葉です。まずは百日を行った後に、ゼロに戻るのが嫌で、以後継続しているのですが、実は二回だけ中断したことがありました。一回目は、五体投地を始めて一年後のこと、左腎臓がんで手術を受けたときです。さすがに動けず、また腹部の正中切開でかなり痛みとツッパリもあったので、結局一ヵ月はできませんでした。二回目は、一昨年（二〇二二年）の暮れに急性肝炎で緊急入院をしたときで、一週間できませんでした。ですから、本当は連続した六十三万回ではないのですが、法蔵師から、在家の人間だし、まあ一生で百万回を目指したらどうか？という言葉に励まされ、継続している次第です。厳しい師匠ですが、いつもこうして救ってくれます。ただ、この手術や入院時とは別に、この十六年の間には五体投地を毎日行うにあたってとても辛い出来事がありました。まず、三八度を超える熱があったのが二回。ある意味、十六年間で二回しか発熱しなかったのは自己管理ができているほうだと思えるのですが、三八度の発熱での五体投地は辛かったですね。次に、三千メートル級の高山（奥チベットのラダック）で酸欠の状況で五体投地を行ったとき。やはり高地トレーニングは意味のあることだと身をもって体験できました。しかし実は、一番辛いのは坐禅断食三日目の朝の五体投地でした。からだがまったく動かないのです。何度も休憩してやっと百八回できたのですが、からだは食事によって動いているんだと実感せざるをえませんでした。つくづく食に感謝できます。法蔵師の奥様の令子夫人（千手観音の仏画家）から「その日のうちにすればよいのだから、明けの食事を摂ってからすれば楽なのに」ともっともなご意見をいただいたこともありますが、修行ですからそこはチャレンジしたいという気持ちが勝ります。

今でも、年三回の坐禅断食会では当然朝に五体投地をしますが、何度行っても三日目朝の五体投地は辛いのです。最近はこの辛さを楽しんでいますが、是非皆様も体験していただきたいです。どんな絶品料理も食べなければ美味かどうかはわかりません。

過去にはこんなことがありました。アフリカから帰国する際、機内で日付を跨《また》いだため、帰宅後に五体投地を行うことになりました。終わってみれば翌朝（真夜中の）二時。これで、とうとう〇カウントか……とてもがっかりしたんです。一応アウトだと思って法蔵師に伝えたところ、「日付が変わるのは午前二時です」と言われ、救われたこともありました。この慈悲深さにすごく感激したことを覚えております。

どうか死ぬ前に一度は「坐禅断食会」を、そして、今日を安心して過ごすには朝の五体投地を百八回行っていただくことをおすすめいたします。坐禅断食会は一回参加すれば、我々のからだが本来もつ記憶を実感とともに思い出していただけると思います。五体投地は私の場合まずは百日を過ぎた頃から、こういう感じかとわかり、一年過ぎた頃から「今日も大丈夫」と思えるようになりました。ただし、法蔵師のように「死ぬのが怖くなる」と言えるには、たかだか六十万回くらいの回数では自信がありません。

この話を法蔵師からお聞きしたときは、師はすでに四百万回を超えておられました。

すると、やはり在家の人間ならまず最低百万回は五体投地を行わないと、「死んでもよし」という境地にはなれないのかもしれません。誰にも、最期は来ます。必ずしもこれらを修行しなくても最後は大往生できるでしょう。しかし、問題はその前です。死に逝く過程で、少しでも安心できればそれで笑顔になる余裕ができ、しっかりとお別れが言えるのではないか――これこそが健全な死ではないかと私は思っています。

どこまで続くかわかりませんが、坐禅断食同様、私もまずは百万回を目指して、この先も五体投地を楽しんで行いたいと思います。

目次

第二章

五体投地

第七章　直感力で生きる　191

カバーデザイン　石間　淳
カバーイラスト　浅妻健司

はじめに――なぜからだなのか、なぜ行をするのか

生まれた瞬間から「からだ」がすべてを決めている。呼吸、消化、排泄、睡眠、体温の調節……生きていくためのシステムが一体になって命を動かしている。命がある限りからだがすべてなのである。からだが正常に働いてこそ人間の命があり、生活がある。

つまりは、細胞の一つひとつすべてがからだであるといえよう。そこで、「悩まない脳をつくるにはどうしたらよいか」と考えたのだが、からだを整えさえすればよいのではないかというシンプルな答えに行き着いた。脳もからだだからである。これは、私自身が三十数年にわたって毎日の祈りの行としての五体投地《ごたいとうち》と、ほぼ毎日の標高千メートルでの早朝の滝行をすることで、整えられたからだに悩みは生じないという確信を得たからである。

老いて歳をとっても肉体がある限りは、その老いたからだがすべてである。がんなどの病を得て、痛みを与えられるのもからだである。当たり前のことだが、死んだらからだはなくなる。痛みからも苦しみからも解放された「からだ」だけが残り、そこには感情のかけらもなく、放っておけばただ朽ちるだけの存在となってしまう。だから生きている限り、からだがすべてものを言う。

からだをいかに操るか。つまり、毎日をいかに行をして過ごすかでそれは左右されるものであり、決め手になると思う。

古来よりからだを使って身心をコントロールして生きてきた人々がいた。仙人として生きるインドや中国の修行者たち。日本では修験道《しゅげんどう》を志すものは少なくない。修験道では歩きながらからだで考える。

頭は感情に支配され、さらに記憶を辿る。つまり過去ばかり考えることになる。新しい道に進むのなら、過去のことを考えるのは無意味なことだから、頭の作業をやめないといけない。

先人は、からだにこそ、意識や感情をコントロールする仕組みがあることを知っていた。からだを毎日使うことで、そこから来る何かがある。つまり、からだの神経作用だ。そこから始めないといけない。「神の経《みち》」の妙なる作用がすべての細胞に働きかけ、いつでも、何があっても、一定の自分へと引き戻してくれるはずだ。それは、五体投地や滝行ばかりでなく、口で唱えるマントラや念仏の類いも入る。また目や耳の感覚も含む。人間が一番感動したときのことを思い起こしてみよう。全身に震えが来てからだが熱くなるのを誰もが経験する。事故で怪我をして辛いリハビリをし、からだや足がやっと動いたときの達成感はどうだろう。大事業に成功したとき以上の高揚感があるだろう。それはからだに起こる神経の作用であり、湧き上がってくるエネルギーである。そして、からだがすべてと思える瞬間でもある。

なぜ今〝からだ〟なのか、〝行〟なのか。これは、真の心の悟りというのはからだが変化しなければ、脳の中だけでは起こり得ないからである。例えば、坐禅を続けて悟りを得たと思っても、それは今までに培ってきたからだに変化が生じなければ、そうなったとは言いがたい。

私の断食会には、これまでがんに罹《かか》っている人が五百人ほど参加してきて、すでに転移している人も多数いたが、回を重ねるうちに二年三年と抗がん剤治療をせずに、がんが進行しなかった人たちがいた。なかには、五年になる人もいたが、その人たちに共通の要素があった。それは坐禅中に起こったからだに電気が走るような体験であり、涙が出て止まらず、無心になったと言うのである。彼らの悟りの直接体験としての坐禅は誰が見てもわかるだろう。からだは微動だにせず、瞬きもなく、一呼吸一呼吸がとても遅い。それから、家族に聞くと、まるで人が変わったように落ち着いていて、本人たちもがんとか死とかを考えないようになったと言う。これはやはりからだが変わって悟ったのだと思えるのだが、こういう人は逆転ホームランを打てた人とも言える。ただ、そこまで行かなくても、何かからだを使って行をするというのは小さな達成感を生み出す。その積み重ねは大きな幸福をつくり、これも人間の幸福論と言えるに違いない。それは、からだを持って生まれてきたものの幸福である。

第一章

心とからだ

悩まないからだをつくる

からだの判断は正しい

私は、心の問題はからだでどうにでもなると考えている。つまり、心は問題にしないで、むしろ「ない」と言い切ってしまうほうがいい。なぜなら心は行動の後でついてくるからだ。例えば「慈悲の心」というが、禅の公案では、「それではその心を出して見せてくれ」となる。つまり、慈悲の心は慈悲の行動によって見せられるものなので、その心の実態は見ることはできない。

極端な話になるが、例えば戦地で味方の兵士が殺されそうになっているのを見れば、助けたい、助けなければならない、となる。でも、怖くてからだは動かない。助けたい気持ちでいっぱいなのだが、結局動けず、ただ兵士が死ぬのを見て、後悔だけが心に深く残ってしまう。つまりトラウマになる。でも、これは「動けなかった」というのがそのときのからだの判断であり、それは正しい選択だったのだ。からだが、「死んでしまうから動かない」と判断したのであって、もしからだが瞬間的に動いていたら「命は大丈夫だから、動く」と、からだからの司令が下りたのだろう。私はからだの判断は心の判断より正しいと信じている。だから結末を心で考えても仕方がないことで、トラウマになる必要はない。

坐禅はどうしてやるかというと、昔から悩まないためだった。

人間だけが悩むのは心があるからで、人間であることをやめて、石になって、無になってみる。先ほどの公案にもあるが、心をからだから取り出して、目の前に出すことはできない。こんなあやふやなものを相手にしてはいけないのだ。

石になる

このコロナ禍の数年で十代の子どもたちの自殺数が急に増えた。学校がリモート授業になって友だちもできないし、一人で部屋にいることが多いので不安が湧いてくる。不安でいっぱいになると、悩みはどんどん増えて、うつになってしまう。

ある方から、コロナ禍で悩んでいる子どもにアドバイスをしてほしいと言われ、簡単にできることとして私はこんなことを話した。

——ペットショップや動物園にでも行って、動物をよく見たらいい。動物たちは、そこで生まれたにしろ捕獲されて来たにしろ、檻の中でずうっと暮らしている。ここで人間が檻に入ったら心身症になるだろう。動物は生きていくためにその切り替えが早く環境にすぐ適応できるが、人間はなかなかその状況に適応できない。それは悩む心があるからだ。自分がこの中で暮らすと割り切って楽しんで生きると考えてみたらどうだろう。動物が手本になるから、動物をジーッと見なさい。もちろんうつになる動物はいるだろうが、人間よりはるかにタフに生きている。

人間だけが悩むのは心があるからで、人間であることをまずやめてみるという提案である。人間をやめて植物になってみるのもいい。最近は、植物は感情もあるとか情報の伝達もするというので、段階を上げて、鉱物になってみるのもいいだろう。植物も石も動かない。石は、痛いとも言わない。石になったつもりでじっとしてみる。坐禅である。

からだの動きから入る

実は、コロナ禍以降、修験道がブームになっている。森林に入って山の霊性を感じて自然回帰したいという人間の願望は極めて自然なものであり、登山やキャンプ、自宅近辺でのランニングやウォーキングがいつもより流行っているようだが、これはからだを使えば気晴らしができるとからだは知っているからだろう。また、場所を変えるという非日常の空間を求めるということもある。修験道のようにマントラを唱え一定のリズムで山を歩く徒走行をしっかりやれば、頭は空になり、何よりからだは心地よくなる。

ただ人は悩むとどこか宗教的なものに頼りたくなる。それは人間には弱さがあるからで、いろんな新興宗教が生まれて集団化し、そこに入りたくなる。入れば、なんらかの精神的な回復はあるだろう。悩みが新興宗教の活動へとすり替わることもあるから、こういう集団は永遠になくならない。ただ、するとしたら、長年行われている伝統をもつものがよいと思う。それには知的なものの哲学的なものをちらつかせるようなものでないほうがいい。頭のよい人はどうしても理論から入るので、そこに落とし穴がある。またやたらと「神」が出てくるものも避けたほうがよい。

茶道の心

最近、若手の経営者の間で茶道が流行っているという。何かとストレスの多いビジネス社会で平常心を保つということらしいが、日本の伝統文化や芸能には所作や動きを通して精神状態を作り出すものが多い。

日本の伝統文化の「三道」といわれる茶道、華道、香道は根底には仏教の文化があり、儀式のなかで欠かせないものだった。特に茶道は禅と深い関係がある。宋代中国のお寺では、禅僧たちが菩提達磨《ぼだいだるま》の像の前に集い、自らの坐禅の境地を披露し合う場が設けられ、一つの茶碗でお茶を回し飲みするという儀式が行われていた。現在でも茶道の精神はしっかりと残っていると思う。夜の茶席は、灯明のみで行われ、相手の呼吸を感じ、呼吸をはかって次の動きを決めていく。これは禅の世界そのものである。

茶道には細かい仕草の手順があるが、実はそれらは意図的に作られている。同じことを繰り返しているうちに気づきがあったり、自分の心境に合わせて動きが変わってきたり、自分でそれを確認できるようになる。これは精神的な要素を育成する道でもある。つまり、本来の茶道は自分の境地、相手の境地を知るためのもの、相手を悟らせるためのものである。所作に、流れるような動きがその人の身に備わると、その動きを見ているだけで、うっとりする。やはり、からだの動きから入っていく「道」は美しい。

からだが人生を変えた

新たな人生の始まり

覚醒といえるが、悩みが抜けて人生が変わることがある。自分の無意識の行動によって自己の変革が起き、新たな人生が始まったのである。修行で変わったというのではなく、意識が清まり、悩んでいたものが昇華されたといえる。

二十三歳、フリーのカメラマンだった私はマザー・テレサの姿を撮ろうとインドに来た。その現場は想像以上に凄まじいものだった。インドにはカースト制度という階級制度があり、その最下層に不可触民(ハリジャン)といわれる人たちがいる。彼らがたむろする地域で物乞いやハンセン病者を被写体にしているうちに、人が苦しんで生きているのをどう解釈していいのかがわからなくなった。私は彼らの生活地帯に入り込み、彼らと共に路上生活をし、コレラやアメーバ赤痢、腸チフスの洗礼を受け、売春宿で女たちの身の上話を聞いた。いつの間にか彼らと同等になって彼らの生活を体験していた。

ヒンドゥー教の聖地、ベナレスのガンジス河左岸に行き、火葬場の脇に寝泊まりし、焼かれていく死体を見続けた。言葉を失うような現実なのに、浄土の蓮池のほとりに腰掛けているかのようで、ただただ人が焼かれるさまを眺めていた。わけがわからないまま心は無になっていたように思う。

あるとき、ローティというパンが火葬場から持ち帰った火種で焼かれたものだと知り、パンについていた白い粉は遺灰だったことがわかった。私はそれまで知らずに人の遺灰を口にしていたのである。味は無味だった。そしてまたある日、岸辺で焦げた死体を目の前にして坐っていた。これまでの人生で想像すらしたことのない光景を見ながら、これはいったい何なのだと思った。犬とカラスが焼けた死体を取り合う、犬が杖をついている人間の欠けた足を狙ってくる……人間は万物の霊長だとか、神が創った尊い存在だというが、カラスや犬とどこが違うのか。すべてをゼロにして、清まった心から出てくる想いだった。

そのとき、何が起こったのかわからないが、何かが「抜けた」——何かわからないが「わかった」という覚醒があった。後述するインド・ラダックにあるリゾン寺での悟りとはちょっと違う種類の覚醒だったと思う。仏陀が深く悩んで、乳粥《ちちがゆ》を口にしたとき、その悩みが抜けたという、あの種の抜け方なのだろう。この覚醒があったからこそ、カメラを捨ててヒマラヤに向かうことができた。

もはや、うわべだけのものを撮るカメラマンの仕事はとてもつまらなく思えるようになっていた。報道として伝える作品を撮ることについてもなんら意味を見出せなくなったのだ。自分の成長としてみた場合、その仕事からそれも見出せなかったし、伝えるという行為は、誰かに認めてもらいたい、評価してもらいたい、ピューリッツァー賞のような大賞を取ってみたい、というような欲が入ってくる。これは許しがたいことになっていた。結果としてお坊さんになる道へと誘われていった。

私の悩みは思考したところで解決はされなかっただろうし、またカメラマンを辞めて僧になる道は選べなかっただろう。無意識の行動でからだが反応し、からだがその答えを出してくれた。そこに、損得の勘定はなく、後悔もなく、心は無の状態だったと言える。

行で何が変わるのか

最後に、行を通してからだを変えるとは、例えば筋トレやスポーツとは何が違うかというと、神経の働きにある。神経の働きとは主に臓器を働かせる交感神経であるが、ストレスなどによるものではなく、臓器を活発に動くようにする伝達機能であり、そのなかで一番は小腸の蠕動《ぜんどう》運動からくる各臓器へのアプローチである。その影響が大きいのは、やはり心臓と脳であり、この二つは筋トレやスポーツでは鍛えるのは難しいのではないかと思う。感動して涙が出たりするとからだに震えが来る。それが神経の作用で、遺伝子などはその振動で変革が起きるそうである。特に行は信仰も伴って他者のために行うという行為から、それがより強くからだに伝達されると思う。脳の神経シナプスはその影響を大きく受けることから、行者にボケた人がいないと言われるが、実際からだを使ってきた行者に認知症の人を見たことはない。これはスポーツ選手とは多少異なるのではないだろうか。自律神経を鍛えるとは、からだの細胞が震えるような振動をいかに起こすかというところにあるように感じる。

次章からは、実際に私が行っている行として、五体投地、滝行、呼吸法・坐禅、断食を紹介しよう。

第二章

五体投地

八百万回に達した五体投地

五体投地とは

五体投地という伝統的な礼拝行がある。イスラム教やキリスト教、仏教やヒンドゥー教で行われている。五体投地とは読んで字のごとく、人間のからだである五体を地面に投げ出すこと。この場合、五体とは両手、両膝、額であり、これらを大地に着けての礼拝である。足を揃えて立ち、頭の上、顎の上、胸元へと合掌し、次に両膝両手を地に着け、額を地に着けて伏す。伏しては立ち、また地に伏すというのを繰り返すのがインド・チベット式。伏せずにしゃがんで、また立つのが中国から日本でのやり方である。

私は、一九九一年に一日千回の五体投地行を始めて三十三年になり、二〇二三年の春彼岸の前に八百万回を超えた。私の人生は五体投地の人生といえるが、そのおかげ

全身を地に着けるインド・チベット式の五体投地

での人生に満足を覚える。
私の一日の五体投地の数は百八回を十回繰り返すというもので、千回余りにかかる時間は、途中の滝行や坐禅、お経を含め十時間ほどである。断食中や旅行のときなどはできないときもあるので毎日というわけにはいかないが、できる限り行っている。
特に四百万回を満行してから、若いときよりも五体投地のスピードがアップしていることに気がついた。ここ十年で一日千回の五体投地自体は六、七時間ほどでできている。五体投地を長年やってきて、からだが慣れたということもあるだろうが、肉体のピークをとっくに過ぎているので、どうなっているのだろうと不思議に思うところがある。

私のからだには八百万回の五体投地、礼拝の繰り返しが刻み込まれているのは確かだろう。


イスラム教では一日のうちに何度か時間を決めて集団で礼拝するし、チベット仏教では地面に全身を投げ出す五体投地の数の多さを競う。韓国の仏教では、一般の人々が祈願のために寺の本堂や外で略式の五体投地を一日千回から多い人で三千回行う。女の人が多く、子どもの受験合格の祈願や親の病気平癒のためなどにしている。

中国、特に五台山などの仏教聖地では、五体投地で山の寺を回り、本堂に向かって礼拝しながら参道を進んでいく。その姿は尺取り虫のようだと表現されるが、仏教では最も丁寧な礼拝の方法である。合掌し、五体を地面に投げ出しては立ち上がり、合掌しながら数歩歩んではまた地面に伏せる――延々と同じ動作を繰り返す。他者のために祈るというが、実はあの中国建国の父、毛沢東主席も、母親の病気平癒のために寺までの長い参道を五体投地で祈願した。母親の病気は治り、祈願達成を果たしたという。

日本では天台宗で「好相行《こうそうぎょう》」という五体投地がある。行の方法は、合掌し、膝を地面に着け、合掌したまま手を着け、次に頭を着けて、手のひらを返して上に向け、耳の上位に持ち上げる。

御堂に閉じこもり、一日三千回の礼拝をやる修行だが、これを終えたものが次に十二年間の山で籠もる「籠山行《ろうざんぎょう》」へと進む。好相行はもともと懺悔行《さんげぎょう》で、仏の名前を称《とな》えて懺悔して礼拝するものであった。やり遂げたものは必ず仏が見えるという効果があって、籠山行の前にする行となった。これは東大寺二月堂のお水取りの際にも行われている。

チベットの五体投地

私が毎日行っているのは全身を完全に地に着けるチベットの五体投地である。

手を頭の上（または額）、次に口のところ（または喉）、最後に胸のところでそれぞれ三回合掌し、手を地面に着き、次に膝を着け、手を伸ばしてからだ全体を地に着け、

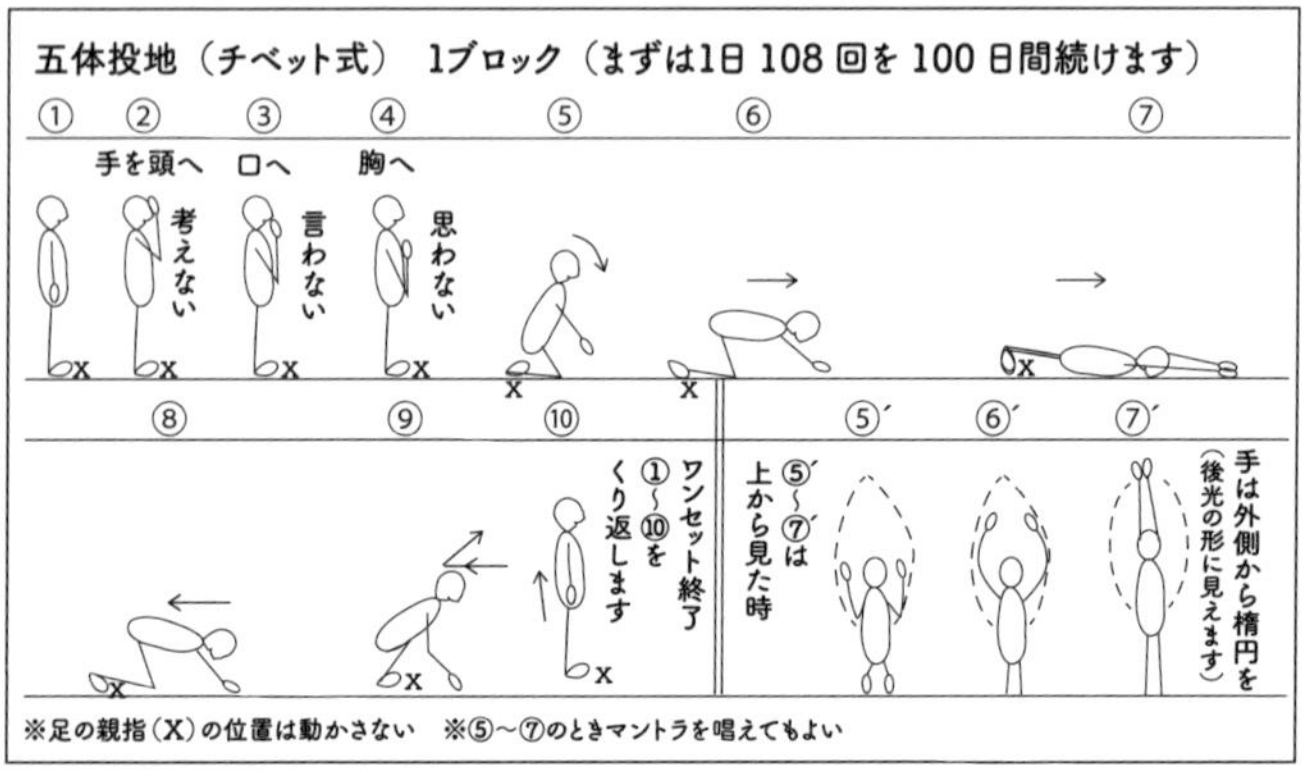

著者が毎日行っている五体投地のやり方

最後に手を頭の先の地面に着ける。頭のところで合掌してナモスシリエ、口のところで合掌してナモマンズシリエ、胸のところで合掌してナモウタマシリエ、そして地面に身を投げ出してソーワと唱える。言葉の意味はいろいろと解釈の仕方があり千差万別であるが、仏教への帰依と懺悔の意味があるという。このやり方は日本や韓国、中国のやり方の三倍の時間や体力を要する。つまり、一日千回やるということは日本の行の三千回に匹敵する。体力と筋力を必要とするので、私はこれを礼拝といわずにチベットの行と称することもある。

数は数珠《じゅず》で数える。数珠の一周百八回は煩悩の数でもある。これを一セットにして一日にそれを何セットするかを目標にする。百八回は大体三十分でできるが、これを一日十セットやるとなると体力的にこの速度では無理で、一時間に一セットしかできない。その結果十時間は必要になる。私が実際に行っているのはその半分の時間で、終わる頃には体力がほぼ限界になってくる。私はこれを三十一歳からほぼ毎日、三十年以上続けているのだが、三十年目にしてその数は七百万回を超え、二〇二三年の春彼岸の前に八百万回に達した。今ではやれない日があると、日々の達成感がなくて物足りない一日と感じてしまう。チベット人にこれを言うと大変驚かれると同時に、大変尊敬される。彼らは日常が今世より来世の運命に関わってくるというのが感覚的にわかっているからで、五体投地にかける思いは真剣である。

五体投地には、寺や仏壇の前での礼拝と、遠くの聖地や寺の周囲を移動しながらやる巡礼という方法がある。巡礼の場合、前へ進んでいくので、着いた手のところに立たなければならず、礼拝が途切れずに連続していかなければいけない。五体投地して、起きて、三歩ほど歩いて前に進み、五体投地する。これを連続して行うのが正式である。もっと丁寧にやるときや階段を上っていくときは、一歩に一回五体投地をする。

しかし、若い巡礼者などを見ていると木の下駄を手に着けて、勢いをつけて滑るように先に進み、つまり距離を稼いで進んでいるが、これは本当はよくない。

チベットでは一般の人がお堂の中で仏像や高僧に対して行うが、この場合は日本や韓国と同じやり方であり、大体三回の礼拝となっている。つまり、これはからだを最大限に使った最敬礼の挨拶でもある。

五体投地の効

さて、この五体投地を続けていくとからだはどのようになっていくか。

まずお腹はへこむことは間違いない。腹筋を使わないと立ち上がれないからである。次に、前進している以上、足の筋力も使うのでスクワットと同じ効果がある。そして、腕立て伏せも同時に行っていることにもなる。もちろん起き上がるときに背筋が使われる。そして、これは目をつむっていてもできるから、暗いなかでも目が悪い人でも同じ状態でできる。これだけからだを使うので思考に入りにくく、早く瞑想状態に入れることが大きな特長だ。またエクササイズをやっているような心地よさもあるので、瞑想状態というより、からだが空になるという言い方もできるだろう。

坐禅をしていてもすぐに雑念はなくならないが、五体投地は途切れのない運動のなかですぐに何も考えられなくなる。また慣れてくるとからだは所作を覚えてくるので自動運動になり、からだを使った究極の瞑想法となる。

まずは一日百八回の五体投地を百日間することを目指す。百八回を何回かに分けてもよいのだが、百日やってその回数が一つのからだが覚える単位となり、行として認められる。つまり約一万回の五体投地が一つの消えないからだの軌跡となってからだに刻み込まれる。

チベットでは十万回の五体投地で二百キロメートルを進んだことになり、大きな行とみなされる。百万回だと二千キロメートル進んだことになって、チベットの区都ラサから最高の巡礼地カイラーサ山への道のりを到達したことになる。それですべての罪は消え、来世は人としてよいところに生まれることが保証されるのである。

チベットでは毎日の行はすべてからだを使ったものだが、食事の内容はかなり質素なものである。主食は大麦で、新鮮な野菜はあまり採れないし、カロリーも少ない。しかし、チベットの人たちは大病をあまりすることはなく、心も健全であり、寿命もそれほど短いことはない。こういう食事でもからだはちゃんと懸命に機能している。

これは私の経験だが、五体投地も二百万回を超えると何かの力がからだを引き上げてくれているように感じることがある。私は六十歳を過ぎて七百万回を超えたが、五百万回を過ぎてから、十年前より今のほうが体力があるように思える。つまり体力を使う仕事が楽にできるようになっていた。そして、心は逆に軽くなり、何事にも有り難い気持ちを持てるようになっていた。滝行をしては五体投地をし、お経を読んでは五体投地をし、坐禅をしては五体投地をし、瞑想しては五体投地をする。いずれも質が上がって何事も有り難くできるのである。

ラダックへ――なぜ私は五体投地をするのか

僧侶になる

私が五体投地を行として体験したのは、インド北部にあるカシミール州東部（現在ラダック自治区）ラダックにあるリゾン寺である。二十四歳だった。

そもそも二十代の私がなぜヒマラヤ奥地にまで行き、どんな経緯で僧侶になったのか。これについては何冊かの本に書いているが、要約するとこういう話になる。

私は中学一年生のときにカメラマンになることを目指した。新聞配達をしてカメラを手に入れ、写真の本ばかりを読み、写真を撮り続け、高校を卒業すると迷わず写真の専門学校に入学した。学生のうちからプロの仕事もやり、新聞社のカメラマンとなったが、それも一年で辞め、フリーとして海外を旅した。そして最後に、ジャーナリストとして撮りたい写真を求めてインドへ渡ったのである。

目指したのはカルカッタ（今のコルカタ）にあるマザー・テレサの施設「死を待つ人の家」。時は洪水の後で、コレラが蔓延し、死人が川を流れていた。

年老いたあの小さなマザー・テレサが倒れた大男を背負って施設に運んでいるのを見た。被写体になった一人のシスターがコレラに罹って衰弱しきった赤ん坊を抱いて口移しで息を吹き込んでいた。レンズを向けてシャッターを切った。頭の端にピューリッツァー賞がよぎっていく。

そこからインドの巷《ちまた》に入り込み、救済されない悲惨な路上生活者が被写体になった。ひどい生活なのに彼らが話すのは明るい楽しい話ばかり。「人として生まれてきてよかったなぁ」と言う。そこで出会ったのが彼らの輪廻転生という思想だった。魂は前世の業に従って、次の肉体を与えられるという。ただその肉体は人間とは限らない。犬、猫、ミミズ、ネズミに生まれ変わっても不思議でないのだ。

気がついたときは、インドの奥深いところまで巡礼者の後を追い、弥勒《みろく》を身に宿したというリンポチェ（尊者）を求め、革靴でチベット領ヒマラヤのど真ん中へ入っていった。遮ったのは深い雪山だった。ついに吹雪のなかで雪に埋もれ、雪に覆われて死んでいくのも仕方のないことだと「弥勒」を思いながら眠りについた。その翌朝、チベット・ネパール国境のチベット側の村ラプタンの僧が雪の中で埋もれた意識不明の私を見つけ、私の命は救われた。

ラプタンの僧が言うリンポチェのおられる寺を目指した。尊者は一年の長い修行に入っていて会うことは叶わなかったが、僧が読経のときに使用するラッパや太鼓や笛などの楽器を鳴らして尊者と会話をすることができると言われた。以心伝心のようなものだろうが、何も言葉だけが心を伝える手段ではないと思った。

楽器を使って尊者に訊いてもらった。なぜ辛い修行をするのか。返しの響きが来た。

「辛い修行をやると仏が宿る。迷って迷い抜いて、心を突き止めたとき、それを超えると慈悲の心が宿る。最後に憤怒の仏が宿る。二つの仏の心があって、初めて無我の仏陀が身に宿る」

そして、インド旧カシミール州のラダックに向かった。チベット仏教を通じて、その辛い修行を通して輪廻転生について知りたい……。一枚の写真を手掛かりに、積雪四メートルの道をトラックで越えた。この山の向こうに私の浄土があるのかもしれない。

そこは見上げると左右の山が迫り出して、岩色のその壁の間は抜けるような群青色、河のような空が見えるところだった。リゾン（聖なる山）寺に辿り着いたのだ。滞在することは許されたが、課せられた薪作り、水汲みの労役は空気の希薄な高地での作業ということもあって辛くて苦しく、命の危険さえ感じるほどだった。その仕事に慣れて三ヵ月ほど過ぎた頃であろうか。俗世の垢が取れたのだろう、僧侶たちの読経に陶酔する自分がいた。剃髪を勧められ、坊主頭になり、お経の勉強に励む元気が湧いたが、戒律はそれほどきつくはなかった。その寺には外国の探検家たちがやって来ることもあって、物足りなさを感じていた。

姉妹寺に瞑想の寺といわれるサムスタンリン寺があると聞き、心が動いて旅立った。当時、そこには外国人は百年の間訪れておらず、途中に五千六百メートルの山があり、夏の間にしか行けない。チベット人からは無理だと言われたが、それでも「法を求めて山を越える、なんてすてきなんだ」と気持ちは三蔵法師になっていた。一つの茶碗、麦焦がし、バターのかけらを持ち、そして普通の革靴というムチャな格好で中心都市レーの町を出た。ここから北西へ百五十キロの旅になる。難関の春山で吹雪に遭い、歩みを止めるとからだが凍って死ぬと言われていたので、からだに血を巡らすためにひたすら歩き続けた。ついに頂上五千六百メートル。吹雪がパッと晴れて、真っ青な中空に立って球体の地球を見た。

三日かけて辿り着いたその寺は岩陰に隠れるようにひっそりと立っていた。私の真の仏教の旅が始まったのである。言葉で聞かれたのは「あなたは誰か」「どこから来たのか」、この二つのみ。黙することが修行という寺だった。

ほぼ無言のなか、僧たちの振る舞いに準じてみる。

ある日、今までになかったような法要があった。異例のことなのだが、五体投地をしていた小僧たちが外へ出ていくと私は上座に坐らされ、僧たちの瞑想ともいえる行の三昧《ざんまい》に遭遇することになった。五体投地をするもの、数珠を操《く》るもの、仏像の前でただ合掌するもの、瞑想状態に入るもの、僧たちを呆然として眺めているうちに夢か現実かわからなくなり、いつの間にか私は完全に「無」の状態にいた。これが忘我の境地なのか……。私の意識は途切れていた。

私はこの寺がすっかり気に入り、無言行のなかで完全で幸せな日々が過ぎていった。ある日突然官憲がやってきて、身分証明書と滞在許可証のチェックをするという。当然持っていないので逮捕の令が出た。連行される前に「観自在三昧《かんじざいざんまい》」という行をして、行く末の自分を観た。

観自在三昧は、肉体と精神のほかに、もう一つの自分をつくる瞑想法である。二つの道があり、どちらかを選ばなければならず、選択いかんでは致命的にもなる。そのようなとき、この瞑想法で一つの道を決めるのだが、瞑想中に観た私の姿はなぜか僧衣をまとっていた。何度やっても同じ姿の映像しか出て来ない。これはいったいどういうことなのだろう。

判断に困って上座の僧に相談すると、すでにひと揃いの紫色の法衣が私のためにしつらえてあった。その日の夕の勤行は急遽、私の得度式となり、私はチベット密教の僧侶になったのである。

翌朝私は僧衣のままで警官に伴われ、瞑想の山から下界へ下りた。警察署でも留置所でも僧侶の私は大切に扱われ、長く勾留されることはなく、すぐに放免となった。

その後、ビザの関係で一時帰国したが、日本に居たのはわずか三ヵ月。サムスタンリン寺に戻る手続きをしようとしたが、パキスタン軍が侵入し、寺のすぐ脇で紛争となり、最初に行ったリゾン寺に戻ることになった。

行くと寺の全員が驚きの声を上げた。一度出ていったものは滅多なことで帰ってこないという。私はリゾン寺で三年間修行することになるが、ここで私は五体投地を行として始め、その真髄を知ることになった。

溢れた涙

北インド・ラダックでの本格的な生活が始まった。

あるとき、指のない僧がいるのに気がついた。聞くと、冬になんらかの拍子に指先が凍ってポキッと折れてしまったという。私はこの地の想像を絶する生存環境に驚かされた。気温がマイナス三〇度にもなるという酷寒の地だから人間も凍ってしまう。ところが、ここには暖房はないし、下着は着用しないし、僧衣しかない。私はアンドッスという名の一番質素な先輩僧を見習えばなんとかなるだろうと思って同室にしてもらった——この人にもできるのだから、私にもできると。

刻々と迫る厳しいリゾンの冬を前にして私はとても寂しい気持ちになったのだと思う。それはホームシックといってもよいが、集団で暮らしてはいるものの無言行の生活なので、夜になると静寂がやってくる。その重苦しい静寂が私のからだを覆い、それに耐えきれずにいた。部屋の中を歩き回り、それでも飽き足らず、寺の周りを何度歩き回ったことだろう。しかも自然環境は日々厳しくなり、気温は次第に下降してくる。食事も衣類も質素だから栄養不足になって夜になると目が見えにくくなり、体力の低下が不安と寂しさをあおってくる。朝が来るたびに「今日こそは山を下りよう」と思った。「お前は自由なんだ、いつ僧衣を脱いでもいいんだ」と声がし、下界に下りる夢も見るようになった。

長老にその苦しさを話すと、寺の最上部にあるお堂を開けてくれ、ここで気が晴れるまで五体投地をしたらいいと言う。その日から、私は毎日そのお堂に入り、一人観音菩薩像と対面し、ほぼ真っ暗な中で五体投地をし続けた。

一週間が過ぎて苦しみは最高潮に達した。「あと三日この苦しみが続いたら、山を下りよう、さもなければ気が狂う」……極限にいたと思う。

九日目、観音の顔を見ていたら、突然意味もなく涙が溢れ出た。溢れて、溢れて止まらない。観音の無想の顔が憤怒の顔に変わり、仏は私を戒め、私は自分の中の仏を充電した。法衣はグショグショに濡れ、そのまま五体投地を繰り返した。涙が床に溜まり、水紋が広がった。

暗いお堂の中がフワーッと明るくなった気がした。すると心は完全にすっきりとし、かつての平安が戻っていた。私は観音に救われた。

いったい私はなぜ泣いたのだろう。別に悲しかったわけではないし、といっても感激の涙でもない。人は悲しくても嬉しくても涙を流すが、そういう涙とも違う。たぶん、私の迷いが涙となって体内から流れ出したのだろう。一生分の涙を出したように思えた。そして、チベット山中でリンポチェから聞いた言葉を思い出した。
——迷って迷い抜いて、心を突き止めたとき、それを超えると慈悲の心が宿る。最後に憤怒の仏が宿る。

この体験によって、からだを使って心をすっきりさせる方法として五体投地が身についた。それ以降、自分の中で変化があるたびにこの行をするようになったのである。五体投地はチベット人の主要な瞑想法だが、生活の糧ともなっている。千回も繰り返すと、激憤は泡の如く消え、苦しんでいるものは観音を見るといわれている。そして五体投地三昧を続けていくと自分自身が祈りの塊になっていくのが感じられる。

五体投地行を始める

願いを込めて

私が新たに一日千回のチベット式五体投地行を決心したのは、一九九一年頃。ラダックより帰国して四年後、坐禅断食会を主催したばかりの頃だ。

断食会に続いて、指導者を育成するための勉強会も始めたのだが、精神的にかなりきついものがあった。病気の人が参加したり、また断食中に具合が悪くなる人が出たりすると、どうしても心配してしまう。断食中は私が命を預かるようなものだから、責任感の重圧で押しつぶされそうになることもあった。またこの頃、子どもが生まれるとなって、どうやって自分を確立してよいかわからなくなっていた。さまざまな悩みが生じたわけだが、リゾン寺では五体投地をすることで解決したので、それをすればいいと素直に思った。

断食会を開始して二ヵ月後、こうして自分の精神のために、また断食会自体がうまくいくようにと、願いを込めた五体投地行が始まった。その後、断食会で大なり小なり困難は生じるのだが、すべてがうまくいくようになり、心配することはなくなった。

最初は一日百八回を三セット、十万回満行を目標にした。ところが、だんだんスピードアップしていき、一日に千回できるようになり、四年後には百万回に達していた。そのまま現在まで続行して、三十四年目にして八百万回到達となった。この間、二泊三日の断食会は六百回くらい行っているので、約千八百日間は五体投地ができないことになる。また海外へ何度か行っているので、この行程中もほとんどできない。するとできたのは全体の七割ぐらいだろうか。

行はなんでも七割できて完成、残りの三割は納める、という考えがある。限界まで極めたら納められない。だから七割をピークと考えて、ちゃんと生還するために体力を残すというのが「納める」の意味である。つまり、平均して毎日七百回という勘定になる。しかし、よく計算すると、ここ十年は物理的に五体投地の回数が増えてスピードアップしている。

実は、全然行が進まなかった時期があった。五年とか十年おきに、ある種のスランプに陥ったかのようになった。解消法はわからなかったが、なぜか瞬間的にそのスランプから抜けることができた。

最初のスランプは、バチカンへ行って宮殿の中で神父さんたちと一緒に五体投地をしたことで抜け出せた。次は二十年ぶりにラダックに行って、八十歳になる老師匠の五体投地を見たことでだった。師匠は夜中に石の上で五体投地をスッスッスッとリズミカルに行っていて、そのとても速い五体投地に驚き、私はがぜんやる気が出た。

師匠の動きは体力だけじゃないと思った。何か仏が後ろから師匠を引っ張り起こしているように見える。どう考えてもその姿は自分の筋力だけで起きているようには見えなかった。

比叡山の「千日回峰行」は一日三十キロの山道を駆ける過酷な行で、鬼の力を借りるという。前鬼《ぜんき》が行者の前を引っ張り、後鬼《ごき》が後を押してくれるからあの速さで山を歩けるのだと。鬼を自由に使えるために山で修行し、人間本来の力以上のものを出すことができるという話である。

一度吉野で大峯《おおみね》千日回峰行満行者の柳澤眞悟阿闍梨《やなぎさわしんごあじゃり》について山を回ったことがあるのだが、そんな速さだった。ヒマラヤの奥に入って行ったとき、リンポチェが「辛い修行でからだに仏を宿らせる」と言ったが、確かにそういうことがあるのだろうと思う。

からだを引き上げてくれる力

五体投地を始めた頃は一生懸命に数をこなしていくのに精一杯で、どうしても膝が擦《す》れてしまった。十万回から百万回への道のりのときだったが、膝から血が滲《にじ》んで止まらなかった。毎日の行だから傷口は乾かないので、ずっと血が出ている状態になり、そのうち骨まで見えるほどになった。地面に着くところが全部擦り切れ、額、腕のあざや傷はまだよいとして、膝の激痛は耐えがたいものだった。畳も擦れて、血がついて見苦しいので赤い絨毯に変えた。その絨毯も擦り切れて減っていくのだが、あるときからからだがダメージを受けないでできるようになっていた。すると絨毯が擦り切れなくなり、膝も擦れなくなり、終わった後の筋肉痛も出なくなった。

からだ自体が、からだも絨毯も傷つけない方法を見つけたのだろうと思う。ともすると、何かが引き上げてくれていたのかもしれない。そういうものに裏切られないように生きていかなければならないと考えるようになった。神仏の存在を疑わないからだになっていた。

これは私の経験だが、私の師匠がそうであったように、五体投地も二百万回を超えると何かの力がからだを引き上げてくれているように思える。また、私は六十歳を過ぎて八百万回を超えたのだが、五百万回を過ぎたあたりから、十年前より今のほうが体力があるようにも感じられた。つまり体力を使う仕事が楽にできるようになったのである。また身近な人が亡くなってその供養のために五体投地を行うこともあり、信仰の力が増したというのもあるのだろう。五体投地は礼拝行なので、続けていると神仏を感じられるようになる。するとからだが温かくなり、祈りが深くなり、自然と行がやりやすくなっていく。

五体投地が信仰心を育てる

私はチベット仏教の僧侶になったが、一度還俗《げんぞく》して結婚し、臨済宗妙心寺派の僧籍に入った。臨済宗の、悟るためにはどんな工夫をしてもよいという考え方がその理由だったが、宗派というより私なりの仏教観で入らせてもらった。有り難いことにある老師が私の意を汲んでよくしてくださった。

インドから中国に伝えられた仏教には、臨済宗は元より多くの宗派に五体投地行があり、中国、韓国の仏教ではチベット密教の形とは違っていても民間でこの礼拝が普通に行われている。栄西が日本に広めた黄龍派《おうりゅうは》の教えにはこの礼拝法はなく、禅は世界に広まったが、そこに信仰心を育てる意図はなかった。

ある老師に自分の五体投地行の体験を話すと、早速老師は自ら始められた。禅宗ではほとんどが坐禅行だが、ただ坐っているだけではなかなか悟りの境地に入れないし、信仰心が育たないので、この五体投地にその効果があることを伝えたのである。

最近お会いしている鎌倉・円覚寺の横田南嶺管長も五体投地を始められ、やはり門下の方々もされていると聞いた。すぐに深い境地に入れるという私の言葉に関心を持たれたのだろうと思う。

私はこの五体投地を進んで人にすすめたことはないのだけれど、私の真似をして始めた人は意外と多い。そのなかには百万回までいった人もいる。

十回でも二十回でも続けていくとからだに心地よさが残るようになる。いずれにしても十年以上続く人がいるということは、きっとからだがこの心地よさを覚えてしまったのだろうと思う。

五体投地をやればうまくいく

幸せを願う行事

本来、ラダック人はチベット人のように一日中五体投地に明け暮れるということはないのだが、一年に一度、新年の行事として中心都市レーの小高い丘を集団で五体投地して上るというのが恒例になっている。これはいわゆる新年の願掛けであるが、若い娘たちにも人気があり、幸せを願う行事となっている。

私はラダックでの修行を終えると、旅先でも巡礼でも五体投地をしていった。

ラダックのなかでも僻地といわれているハヌー地区に行ったときのことである。ハヌーとはラダックに住むヨーロッパ系の民族の名称で、言葉も文化もラダック人と違う。仏教だけは共通している。だから、よそから人が入ってくるとみんな隠れるというのではないが、通りには人がいなくなってしまう。しょうがないので村の中心から村はずれにある僧侶のいないお寺まで五体投地をしていった。これはパフォーマンスではなく、よくする時間つぶしというか、ここに来たせめてもの達成感を残すためである。

お寺の入り口が見えてくると、誰かが私を追い抜いていき、私がちょうど寺に到達すると寺の扉が開けられた。中へどうぞというような手招きをされたので私はそのまま寺の中に進み、一周して礼拝した。五体投地を終えて外へ出て帰ろうとすると、村の人たちがやって来て、どうやら家に寄ってお茶を飲んでほしいというようなことを言っている。といっても言葉がわからないので話すこともないのだが、丁寧な素振りで招いてくれた。

こうしてわかったのは、ヒマラヤ近辺では五体投地をやっていれば何かしらうまくいくということである。

五台山

中国最大の聖地は五台山《ごだいさん》である。北京より南西に二百キロほど行ったところ、標高三千メートルの山に、中国仏教以外にモンゴル仏教、チベット仏教の寺など多くの僧院がある。私はその一つのモンゴルの寺院に宿泊し、そこから各峰にある中国寺院に参拝して歩いていた。

今から三十年前の話である。

その最高峰の寺院には長い長い階段の道のりがあり、中国の人々はそこを五体投地で登り、願掛けをしていた。特に尼僧さんたちがこれを何日もかけて行っていて、私もすることにした。中国の人は途中に食事に行ったり、休みを入れたりして何日もかけてゆっくりと登っていくのだが、私はこれを一気に行いたいと思い、夜中から始めた。

五体投地で参道の階段を登っていく。全身を投げて一段目に膝を着くと、ちょうど四段目に手が来るので、起き上がって四段上がり、そこから次の五体投地が始まる。

階段の数は数えなかったが、夜中から夕方の暗くなるまで一度も休まずに続け、一旦宿泊所に戻って、翌日にやめたところからまた始めるという五体投地をした。丸二日間かかって頂上の寺の門前に到着した。一日目は十五時間で千回。二日目は十三時間弱で終わったから八百回少し。合計二十八時間で千八百回余りとなる。そうすると階段の数は七千二百段ほどになる。

夕方にもかかわらず、頂上では僧侶が待っていてくれて、水と手拭きを渡してくれた。寺の門から下を見ると蛇のような階段をすべて見渡すことができて圧巻だった。つまり、誰がどのように登ってきているかが上から一目でわかるのである。日本の寺はたいてい参拝道とは別に、寺で生活している人のための車道があるが、ここ五台山の寺々に参道は一つしかない。寺の住人も荷物運びの人もこの参道を行ったり来たりするしかない。お寺というのは苦労して行くものだから、わざとそのような場所に建ててあり、ただ絶景という理由ではない。

次の日、もう一度歩いてその寺に上がってお参りし、下りてきて食堂で食事をしていたときである。一人の女の人がやってきて私の伝票を手に取った。わからずに驚いていると、その人は五台山に行くバスから一緒だった人で、五体投地で寺へ登っていく私の姿を見て、食事代を払わせてもらうと言う。三十年以上も前の中国でのことだが、私は中国の人々に信仰心はないと思っていたのだが、その偏見が消えていった。

文化大革命時（一九六六〜一九七六年）、中国政府の宗教への圧力はチベットの寺より中国の寺に対してのほうが強かった。チベット人は他民族であるため、私の中で中国人をすべて恨むような気分が生まれていたが、ここ五台山にいる中国人に対してはそのようなことはなかった。

また、五台山の中国密教寺では、チベットのゲルク派（ダライ・ラマ派）のチベット仏教思想書『菩提道次第論《ぼだいどうしだいろん》』（一四〇二年著述）をチベット語から中国語に訳し、法要を営んでいた。この著作は英語にもなっておらず他の言語にもなっておらず、最初の翻訳が中国語であったのに感動した。

空海（七七四〜八三五年）が学んだ密教は中国では唐の時代の百七十年間しかなく、その後密教そのものが衰退し消えてしまった。空海が学んだ西安（長安）の寺、青龍寺は現代になって復興され、一九八二年に日本仏教界が日中友好の印として、空海記念碑、恵果《けいか》・空海記念堂を寄贈した。つまり、中国では密教は今や日本の真言宗からも学んでいるほどである。

五台山では中国密教の再建をはかり、チベット仏教の経典を参考にしていた。それは、五台山の管長法師が訳したもので、法師にお会いしたが、たいそう立派な方で、中国仏教の未来も明るいと思ったのを覚えている。

モンゴルの荒野で開運あり

先に、「各地の巡礼で」と言ったが、チベットの区都ラサの中心地にチョカンという寺があり、多くの人がこの寺の周りを五体投地で回る。この寺の外側は一周八百メートルあり、道の両側は門前通りのように商店やお土産物屋が並び、とても賑やかだ。そこにチベット全土から人が来て、五体投地をして回っている。手に木の下駄を着けてカチンと音を出して、合わせて前に滑っていく。もちろん私も回ったのだが、いろんな民族がやってくるものだからいろんな方言があちこちから聞こえてきて、本当のところあまり集中できなかった。

それに比べると、モンゴルの荒野の真ん中にある寺を五体投地で回ったときは、さすがに神経が集中した。体験そのものが違っていたのである。

その寺は城壁で囲まれていて、その外周一・六キロを夜中から一人で回り始めたのだが、辺りではオオカミが群れをなしていて、ときおりその鳴き声が聴こえ、闇の中で光っている目もいくつか見えた。私はただひたすら五体投地に集中した。なぜか恐ろしいとは思わなかったのだが、これは仏に守られているという思い、すべてをなげうって信仰に徹するという没入の境地だったと思う。

朝日が出てきたところでゲル（テント）に帰ってきたのだが、そこのモンゴル人に大変危ないところだったと心配された。

寺の門が開く時間になって寺の中に入って礼拝し、その後でもう一度城壁の外周を歩いてみた。するとあちこちにオオカミの糞がある。地面に伏すたびに臭っていたのはこの臭いだったのかと気がついた。

どこへ行っても五体投地で開運ありという思いは日増しに強くなる。

バチカンでの五体投地

五体投地を一日千回続けていくと、三年もしないで百万回に達することになるが、この頃になると行に入ればすぐ雑念が消えるようになっていた。

二〇〇五年のことだが、五体投地が三百万回に達しようとしていた。毎回百八回ほど行うと、なぜか頭の中にバチカンのドームのシーンが出てきて、一向にその映像が消えなかった。それまではラダックやチベットのイメージを見ることはあったのだが、行ったことのないバチカンのイメージを見て、これはバチカンに行けということだと勝手に理解し、すぐにその手配をした。

実はその前に、修道士に坐禅を教えるということでベルギー王室修道院に行けと言われたことがあった。これは先々代のローマ教皇ヨハネ・パウロ二世のお考えで、世界中の大きな修道院に坐禅をカリキュラムとして入れるようになったのである。そのわけが知りたいと思っていた矢先のことだった。

バチカンに着いたら、ちょうど復活祭の時節だった。ヨハネ・パウロ二世は体調を崩しておられ、おそらく教皇の最後のミサになるだろうというので世界中から神父やシスターや信者たちが数多く見え、どこもたくさんの人で溢れていた。

私は、運よくサン・ピエトロ広場近くにある、昔、教皇の居所として使われていた古いホテルに泊まることができた。ホテルの壁や柱は中世のままで、まるで教会の中に居るようだった。ローマ教皇はバチカンの寺院におられるのではなく、その広場の正面にある建物に住まわれている。その五階の窓から教皇が手を振られる映像シーンをテレビなどで見たことがあるが、その広場が眼前にあった。

私は広場の一番奥にあるせり上がりのところに立ち、正面に見える教皇の部屋の窓に向かって五体投地をするのを日課にした。ある朝、護衛の兵士に咎《とが》められたが、教皇の病気平癒のためにと言ったら許してくれた。それを毎朝続け、また日中はバチカン内部のシスティーナ礼拝堂で司祭たちと一緒に五体投地を行った。実はそこで、キリスト教でも五体投地のような礼拝があるのを知ったのだが、仏教の礼拝とほぼ同じ仕方だった。いきなり床にベタッとからだを俯《うつぶ》せに横たえてじっとしていた司祭がいたが、多くは地面に伏したときに床に接吻していた。

みな、司祭服の長衣でゆっくりと行っていたので、私も僧侶の長衣のままで彼らに合わせてゆっくりと始めた。すぐ無になっていく感覚があり、それも毎回そうなった。これも教会という祈りの場の偉大さというか雰囲気なのであろう。礼拝堂では五百回の五体投地をすることができた。

濱尾《はまお》文郎《ふみお》枢機卿《すうききょう》からお声がかかった。日本人で初めてバチカンの大臣になられた方である。バチカン内部に招かれて一緒に祈りを捧げた後、どうしても聞きたいことがあった。

「どうすれば祈りは深くなりますか」

枢機卿は、しばらく黙った。この問いはとっさに出たものなのだが、まさに五体投地の目的、礼拝の意味である。そして、このようなことを話された。

——我々キリスト教者はいつも祈っている。しかし、本当の神に祈っているとは限らない。いつの間にか自己の神を自分の中に創り上げてしまうことがある。だから、度々宗教から戦争が起こっている。本当の神とは頭の中が空っぽでないと降りてくることができない。

濱尾枢機卿も信仰心について自分に問うところがあったのだろう。

次にあの聖フランチェスコ（一一八一～一二二六年）の部屋へ案内された。この部屋は通常教皇以外は誰も入れないと聞いていたのでまさか入れるとは思わなかった。暗い石の部屋に石のベッドと石の枕があった。聖フランチェスコは晩年この小さな部屋で祭壇にお祈りをして暮らし、そこで亡くなられた。以来、歴代ローマ教皇は何かトラブルなど解決できない問題があると、この部屋で長くお祈りをしたという。

私はその部屋で九回だけ五体投地をした。最後に顔を上げると、電灯が何本も灯《とも》ったかのように明るくなり、部屋の隅々まで眩しく、なんとも表現しがたい感覚に襲われた。生涯で二回目の覚醒だった。

「ああ、このためにバチカンが見えたのだ」と素直に思った。五体投地十四年目の三百万回目は、聖フランチェスコの祈りの場という祝福されたものになった。

開かれた禁断の扉

もう一つ、奇跡といえるような五体投地をしたことがある。

中国領のモンゴルの内モンゴル自治区に清朝最大の寺院、チベット仏教寺院・五当召《ごとうしょう》（ウータイ・ショウ）がある。今では立派に再建されたが、当時（三十年前）に訪ねた折は廃墟と化し、そのなかでたった一つのお堂が現存していた。それはかつて皇帝とモンゴル法主だけが入るのを許された寺院で、門のところでお坊さんが二十四時間寝泊まりして守り、誰も入れない「開かずの間」だった。絵師たちが一年もかけてこのお堂の外側を修復していたが、何度頼んでも誰も中を見せてもらえたことがないと言っていた。もちろんモンゴル人の参拝者も同じで外から拝むだけである。

私ももちろんそのつもりで門の前で五体投地を始めた。こういうときは礼拝しながら建物の奥の仏様が自分の目の前に登場するのを願い、現れるまで続ける。これは日本天台宗の好相行にもあるが、見えないなら仏にお出ましいただくというもの。遠くを見て仏の名を呼び五体投地をする。休んでいても目線は決してその一点から外さない。これを続けているといつしかその印象の姿が空中に現れてくる。

そうしていたら、どうだろう。門番ともいえる老僧が立ち上がって、中を見せてくださるという。夕暮れどきで、人もいなくなり、修復作業の絵師たちも帰り支度を始めていた頃である。絵師たちもその応対に驚いていたが、ただ恨めしそうに私を見ていた。その絵師たちの視線を気にして躊躇していると、老僧は絵師たちにも入っていいと言い出した。彼らの一年越しの願いも叶ったのである。老僧は私の手を取って、お堂の中を一周し、寺の由来や仏様の説明もしてくれた。本当のところは真っ暗でまったく何も見えなかったのだが、有り難さは心のピークに達して頭が下がりっぱなしだった。いずれにしろ、高さ十メートルという頭上の弥勒仏の顔は見なかったと思う。

五体投地は開かずの間も開けてしまう。

からだで表す

中国青海省の同仁《トーレン》（ピンイン）というところに行ったときの話である。ちょうどそのとき国賓としてラダックの法主クショック・バクラ師が来られていて、お目にかかることができた。逆にいうとラダックではお見かけすることすらできない。

この方は僧侶であるが、インドの大臣を務め、各国大使も歴任された。何よりもダライ・ラマ亡命を可能にした方である。その人格は素晴らしく、故ネルー首相の師といわれ、また故エリザベス女王からは昼食会に二回も招待されている。

国賓だったので地元の中国共産党幹部がつきっきりだったが、私も少しご一緒することができた。

共産党幹部は法主が帰られてからも私に随分とよくしてくれ、どこの寺に行くにしても付き添ってくれ、その都度私は丁寧に五体投地をして歩いた。最後に彼は「あなたの礼拝を見ていると心打たれるものがある」と言ってくれた。

政治体制が変わっても、長い歴史のなかで生きている人の血は変わらないのだと思った。以後、私は北朝鮮でも同じようにして五体投地をしていたのだが、スパイ容疑で拘束され、釈放される際にもその労働党員から同じようなことを言われた。「からだで表す」意味は誰にでも通じるのかもしれない。いつしかこの思いは私の中で確信に変わった。

五体投地で見る浄土

チベット人があの何もない荒野でずうっと五体投地を続けていけるエネルギーの源

は、異なった世界観、つまり極楽を見ているような感覚があるからだと思う。ただ荒野を延々と滑って進んでいるわけではなくて、石だらけの漠とした荒地が浄土に変わる。そこには蓮の花も葉に光る朝露も見えないけれど、投地するからだの下の地面が柔らかく、立ち上がって祈る空気が優しい感じになってくる。それは、浄土としかいえない。別に世界を変えなくても、いま生きている世界がそのまま浄土の姿となる。そうすると自然と「あっ、ここが浄土だったんだ」という思いになる。

『般若心経』の訳にいろいろあるが、臨済宗の僧侶、山田無文《やまだむもん》老師（一九〇〇〜一九八八年）は、現代語訳『般若心経』（禅文化研究所）で最後の有名なマントラをこう訳されている。

羯諦。羯諦。波羅羯諦。波羅僧羯諦。菩提薩婆訶。
救われた。救われた。完全に救われた。みんな完全に救われた。ここがお浄土だった。

老師は、「ここがお浄土だった」と訳された。浄土とは気づかなかったが、いま気づいた、とっくにうまくいっているじゃないか、と。さて、これはどう捉えられるか。これが『般若心経』のメインであろう。「いま」の捉え方次第で、地獄にもなるし極楽にもなる。これは条件の問題ではなく、「いま、瞬間」を言っている。

チベットでは若いお坊さんが、何もないところを目指してたんたんと行を行っている。だからといって褒められることもない。一番貴重な青春といわれる時代をただそれに費やしているともいえる。そこになんの充実感と達成感があるのかという話になるが、じゃあ、やってみたらわかるよ、ということだ。

私は五体投地を三十一歳から行として始めて三十三年が経過した。二十代でいろいろ学び、一番楽しんで活動しなくてはいけないときに修行を始めたわけだが、三十代からの人生の壮年期を五体投地三昧で過ごしたともいえる。一番体力があるときから始めてこれから下り坂になっていき、つまり老齢化していくわけだが、思いもよらず今ピークを迎えているとしか考えられない。積み重なる回数にも浄土が見えるからなのだろうか。

十五年前にラダックへ行き、私を得度してくださった老師に再会したのだが、八十歳になる師匠が硬い石の上でリズミカルに五体をなげうつ姿を見て、私は五体投地の極地を見たような思いがした。

余談になるが、一日千回の五体投地を単なる労働として行ったら、これほど辛いものはないと思う。重労働の土木作業八時間と五体投地千回、どちらが楽かと訊かれたら、私は土木作業と即答する。日銭一万円を稼げるとしても労働としての五体投地は絶対やりたくないし、どこかに稼ぎに行ったほうが楽だろう。

仮に土木作業の日当一万円を単に五体投地の対価として換算すると、私は三十年で八千万円稼いだことになる。つまり、そういう労力が必要になる。もちろんお金では換算できるものではないが、私は来世に功徳を積んでいると思っているので、五体投地をしている間は自然と頬が緩んでいる。聖界に生きるにふさわしい行をなしたものは、聖界に生まれるからであって、礼拝の数は積んだ徳の数にもなる。そして、それを他人に回すこともできる。

この行をしていれば、すべてはうまくいっている、うまく回っているという感覚が常にある。東日本大震災のときは必要なものがすぐ手に入り、現地からの要請であったが無理に寄付を集めなくても岩手の大槌町《おおつちちょう》に五十体のお地蔵様を寄贈できた。これも五体投地をしているおかげだと常々思っている。

五体投地を体験して

五体投地で見る風景（佐々木康行　六十一歳）

十六年前、講演会が終わって野口法蔵さんに五体投地のやり方を伺うと、目の前で五体投地をしてくださり、「百八回を一セットとして三年間毎日続けなさい」と言われました。深く考えることもなく始めたのですが、五体投地をやっていくうちに、頭の中ではなんのためにこんなことをやるのか？という疑問が湧き上がることが度々でした。こちらの体調が悪かったり、生活での余裕がなかったりすると、「お前はこんなときでも続けるのか？休んでいいよ、止めてもいいんだよ」と声が湧き上がることが何度もありました。五体投地が私の生活リズムのなかに溶け込むまでには少々時間がかかりましたが、おかげさまで生活のなかに溶け込んだ現在では、体調が最悪なときでも五体投地だけはやれるのです。

不思議なもので、やり続けていると一日一セットだけでは物足りなくなり、時間があれば五体投地がやりたくなります。十二年目には一ヵ月で百セットほどコンスタントにするようになり、おかげさまで百万回を達成することもできました。

そのときに野口法蔵さんに伺いました。百万回には到達させていただいたものの、今の私は神社の鳥居の前でうろうろするようなもので、鳥居の奥にあるものに辿り着くことも見ることもできません。どうしたら鳥居の中に入って行けるのでしょうか？と。答えは、五体投地を丁寧にやりなさいでした。

このときを境に、それから三年間は一日一セット心を込めて丁寧にやると決め、これまでの数を求めていた路線を変更しました。一年目が終わる頃に余裕ができて回数を増やしたいとなり、二年目が終わると五体投地をもっと丁寧にできるようになるには三年が必要なのだと思うようになりました。その三年目が終わって、それまでとはからだの使い方が違う五体投地ができるようになったような気がします。今では一ヵ月で四十セット程のゆっくりしたペースでのんびり楽しんでいます。

実は私が自分の天命だと感じているものは「水」のように生きていくことです。それが私らしさにつながるような思いがあります。水にとって大切なものは混じり気のない純粋さと水量です。たぶん私自身が日々の生活のなかでより純粋でいるためには毎日の五体投地と滝行が必要なのでしょう。そして水量を増やすには愚痴や文句を言わないですべてをありのままに受け入れることが大切なのでしょう。また汚れていない水であり続けるために私は汗を流す必要があります。そのために日々の生活のなかで自分を整えるためのメンテナンスをやり続けないといけない。これが五体投地を続けられる原動力になっているようです。

私は仲間たちとリレー・フォー・ライフ（がん患者さんやご家族の方々に寄り添う活動）というイベントに毎年参加させていただいています。一周四百メートルほどのコースを仲間たちと交代しながら二十四時間歩き続けるイベントです。日中はたくさんの方が参加されますが、夜中になるとその数が減り、私の出番となります。手には革の手袋、膝にはパッドの入ったサポーターを着け、一周を四〜五時間かけて八百回ほどの五体投地。当然普通に歩いている方々よりもかなり遅いペースで、地面に這《は》い蹲《つくば》うようにしながら一歩一歩進みます。地面にからだを投げ出せば、土の匂いや地面の湿気、人間が踏みつけている植物や石ころや虫さんたちなど、さまざまなものたちとの新鮮な出会いがあります。五体投地でゆっくり進むからこそ見えてくる風景があり、気づきにつながる学びが数多く隠れているように感じます。私にとっての五体投地はそんな有り難いものとなっています。

人様の幸せを願う感謝行（丸山鈞　八十五歳）

林住期を迎えた私にとって野口法蔵師との出会いは、人生における大きな転換点でした。迷わず健康に老いてどのように幕を引くか、凡人にとって永遠の課題に答えが見え始めてきたのです。

法蔵師から五体投地の話を聞いて、最初は、修行僧のすることだから凡人の関わらぬこと、と冷めた目で見ていたのです。すると船戸崇史先生がハマっていると聞き、断食仲間二人が始めたのに伴い毎日続ければいい体操になるかもしれないと思い、最初はラダック体操と称して始めました。やりだしたらすがすがしく達成感があり、斎藤一人さんの「毎日百人の人様の幸せを願う千日修行」を始めたばかりだったので、これを組み合わせて千日三年を目標に始めてみました。ところが三年のつもりがすっかり習慣になってしまい、以来どんな状況でも途切れず続けて十八年が過ぎました。おかげさまで心の安定を得られるようになったことは有り難いことです。十六年前に念願だった里山に移り住み、自給自足を心がけ、酵素玄米をいただき、ときには断食をして内臓を休め、あるがままを素直に有り難く受け入れられるようになってきました。あるがままに、お金がなかったら使わなければいいし、あるものを有り難く頂戴する。畑でできているものに生活を合わせ、野草、野菜など旬のものを感謝していただく。そうすれば不平不満は起こりようがなく、自然に人様の幸せを祈るようになって、いつも平穏な日々を送れるようになってきました。

改めて計算してみると、七十万回になっています。あと五年九十歳までできたとすると九十万回になります。私にとっての五体投地は「人様の幸せを願う感謝行」なので、毎朝一日の始まりとして百八回を健康で気持ちよくできれば何よりと思って感謝してやっております。

第三章

滝行

滝行とは

古来より世界中で身を清めるために行われてきたものに水浴《すいよく》がある。これは歴史ある儀式で、キリスト教やヒンドゥー教で行われる、川の中などに浸《ひた》ってする洗礼、そして日本の神道における禊《みそ》ぎも同じで、これらはみな、それ以前の自己から生まれ変わるための儀式でもあった。滝行は文字通り滝に入って行う修行で、神道での禊ぎに対して、仏教ではより霊的なものになる。神仏への畏敬を含めて霊験を得ることができるが、神仏を相手にする行なので、暗いときに一人で肉体的な緊張をもってやると、神仏と一緒になるような感覚を得ることができる。

滝行では、からだを冷やすというより背中に細かい水の飛沫の刺激を当てるのが目的である。背中を水に打たせることで皮膚や末梢《まっしょう》神経が刺激され、これがよいのではないかと思う。それによって、全身の神経に刺激を与え、からだは体温を保つために毛穴を閉める。またそればかりでなく、毛穴の開閉がスムーズにできるようになって体温を調節することができる。

滝行の後は、体熱は逃げずにからだの中心部の体熱が高いままで保たれる。冬の滝行において終わった後に寒さを感じないのはこのようなからだの作用が働いているからだ。また全身に快感が残るし当然風邪など引かなくなる。

本来滝行は、修験道では山歩きの途中で行われる。また滝行の後はからだを使った運動をするとよいともいわれる。皮膚や筋肉の神経細胞に刺激が与えられ、それがスムーズに神経の末端へと伝達され、脳へもその働きが及ぶからだろう。

二十年ほど前に信州・松本で精神科のお医者さんたちの集まりがあり、江戸時代から医者が用いていた水《みず》治療という精神療法を知った。これは当時狐憑《きつね》つきといわれた統合失調症のための治療だが、人がすっぽりと入る大きな樽に水を張り、そこに入ってもらい、上から滴る水を頭頂で受ける。二十分ほどの療法だが、この水療法がかなりの治癒率を誇っていたと聞いた。古来より、心を「入れ替える」にはからだに働きかけることが行われていたのである。

私の滝行

滝で霊性を得る

私は毎年接心《せっしん》（禅宗の寺院で一定期間、ひたすら坐禅修行をすること）のときには滝場で滝行をし、坐禅をしているが、チベットから帰ってきて滝行を始めると滝の力に負けて滝に入れなかった。からだを鍛えて気合いを入れて突撃するように入っても、水の圧が強く、弾かれてしまう。大自然の力の前で人間がいかに抵抗しても無駄なことを思い知らされた。そのため、滝に入らず、滝を拝む行をしようと考えた。ただ拝むだけでは申し訳ないので、毎日一度滝の前の小さな小屋で坐禅をしてから滝に向かって拝むことを続けた。

あるとき、滝の前に立って拝んでいたら、一瞬滝の流れが止まって見えた。滝が割れるように見え、近寄っていくと、まるで海を割ったといわれるモーゼのようにからだがスッと滝の奥に入った。そのとき、この世に自分と別のもの、目に見えないものがあることを実感した。それ以来、滝の水量がどんなに多くても、滝に入れるようになったのである。

右に一歩動け！

滝行はよく深夜の二時から行っていた。なぜその時間かというと、滝から霊性を求めたいと思ったからである。この時間帯は「丑三《うしみ》つ時」ともいわれ、超自然界が活発に活動し、神仏に畏敬を感じられるときでもある。

霊性というのは極度の緊張から五感が研ぎ澄まされて生まれる直感力ともいえる。事前に危険を察知する能力でもある。

夜中にする滝行は怖い。まず

12月の接心中、朝6時に行う滝行。長野県安曇野市黒沢の滝にて

暗くてよく見えないので転んでしまうことがあり、怪我をしたり骨折したりする可能性がある。その無事をただ神仏に頼るほかないのでひたすら拝むのだが、特に怖いのは寒くなってきた時季で、からだが硬直して柔軟に動かなくなる。ただ無事に終わることだけを祈り、終わったら感謝する。

このようなこともあった。水量が多い滝の中は音がすごいので大声でお経をあげていたが、急に「右に一歩動け」という声が聞こえた。右に一歩動くと、間髪を容れず、今まで立っていたところに頭大の石が落ちてきた。次に「元に戻れ」という声がしたので元の位置に戻った。今度はそこにまた石が落ちてきた。いずれも声がしてすぐのことである。頭に石が当たっていたら滝の中で意識を失って水死したか、瞬時に絶命していただろう。こんな恐ろしい目に遭ったが、滝行ではお経が終わるまでは滝から出ないのが作法であるから途中で止《や》めるわけにはいかない。

また同じようなことではあるが、三月の滝行は氷が解けてくる時季であり、滝から出た瞬間に直径一メートルの氷の塊が落ちてきたことがあった。そのときには例の声は聞こえなかったが、神仏に守られているという自信がついたものである。

滝行もただ力任せに滝に入ろうとしても、人間の力だけでは無理なこともある。自然霊とでもいうのだろうか、そういうものに敬意を表してお願いして入らせてもらう、というのが基本なのだろう。若いときは体力があるから自分の力でなんとかしようとするが、だんだん力がなくなるとともに、そういうものの存在がわかってくるので、滝に入りやすくなってくる。これが信仰の力というものなのだろう。

千日回峰行を行った行者の方から話を伺うと、行が進み、行に深く入り込むと、自分の周りの樹木や草花が何かを語りかけてくるようになるという。すると、そういったものたちに教えられて危険を回避することができて、自分個人の力で駆けているというよりは、山全体の力を借りて、山と一体となって駆けている境地になるそうだ。まさに「森羅万象が仏」という体験である。するとすべてが自分を助けてくれる存在になる。千日回峰行とは、自力で行うものでなく、森羅万象の力を借りて、つまり「借力」で、もっといえば「他力」で行うものなのかもしれない。滝行にもそういう感覚がある。

大洪水の大滝に入る

若い頃だが、大洪水の滝に入ったことがあった。新潟県阿賀町にある古刹・西山日光寺の落差二十五メートルもある大滝で、しかも大雨の後だから、普通では絶対に水圧で潰されるというような状態だった。

あれはどんな怪力のレスラーでも相撲取りでも、無理だったと思う。大滝の行というのはからだの大きさや体力は関係なく、拝んで入れてもらえるかどうかなので、人の力だけでは絶対に入れない。普通に入っては即潰される。つまり死ぬ。

川の中を進んで滝に向かっていくのだが、飛沫がすごく、近づくのでさえ容易ではなかった。

見ていた一人の男性が「絶対無理、入ったら首が折れる」とまで言った。

うちの子どももそれを聞いて、「お父さんが死んじゃう、お父さんが死んじゃう」と叫び、私は「大丈夫だから。ちゃんと戻ってくるから」と安心させて滝に向かっていったのだが、後々子どもの心に心配の種を残してしまったようだ。

それでも滝を拝んで「ダメだったら、潰してもらってもいい」と言った。瞬間、滝の流れが止まって見えたので入らせてもらった。圧はまったく感じられなかった。先の男性は、私がスッと滝に入っていったのを見てお坊さんになることを決心し、その後僧堂の堂長になられた。

滝行は昔から修行に使われていたところで行をするのがよいと思う。それでも雪解けの水で洪水のようになっている場合があるから、自然を相手にするにはそれなりの覚悟がいる。毎日同じではないという緊張があるし、今日はどんな滝行になるかわからないという死と隣り合わせの行ともいえる。それでも神仏を思えば思考は恐怖へといかない。守られているという意識があるからだ。まして、毎日のように滝行を続けていられるので感謝をしつつも、常に徳を積まないといけないと思う。ただ徳は考えだけでは積むことができない。肉体が動いてこそ初めて積むことができる。これはチベット式の発想、五体投地の根本にある。

比叡山千日回峰行を二度満行された酒井《さかい》雄哉《ゆうさい》大阿闍梨《だいあじゃり》（一九二六〜二〇一三年）は、

「自然界は行者殺しはしない」と言っておられた。まっとうな行者というのが前提にあるだろうが、亡くなった方はある意味報われなかったと言うしかない。空海は幼い頃に、「私は仏道に入って、多くの人を苦しみから救いたい。それが叶わなければ、この命を捨てて御仏に捧げます」と断崖絶壁から飛び降り、死ななかった。神仏を試したのだろうが、命をかけての請願だったのである。

滝行での興

滝行の最中のことだが、忘れられない出来事がある。夏、滝に入っていたら急に胸が重くなった。目をつむっていたので少し目を開けて見たら、なんと私の胸に大きなメスのガマガエルがくっついている。そのガマガエルと目が合った。びっくりしたが、また目をつむってお経を続け、終わったらどうしようかと思っていた。するとガマの気配が消え、目を開けたらどこにもその姿が見えない。ガマガエルは極めて動きが鈍い蛙なので見つけられるはずなのだが、どこへ去っていったかわからなかった。いつ私の胸に止まったのかも知らなかったのだが、まるで忍者のような存在だった。

滝の周りはコケやシダなどの隠花《いんか》植物が豊かに育っているが、滝に入るときはそれらを踏まないように気をつけている。

夏の行中にコケから話しかけられた。

「毎日来てうっとうしい」

滝行に来ているのにコケにそんなことを言われてちょっとむかついた。でもコケからすれば人間なんてそうかもしれない。

南方熊楠《みなかたくまぐす》は粘菌やコケ類は特別な存在だと言ったが、確かに私もそう思う。

滝に入るには

作法

滝に入るときは、決して頭頂に滝水を強く当ててはいけない。滝は自然のものなので異物が混じることもあり、頭に当たると危険なため、肩や背中などで水を受けるようにする。また頭頂で受けていると、後々に神経的な障害が起こることがある。どうしても滝が頭頂に当たってしまう場合は、頭の上に厚めのタオルか布を乗せて滝に入るようにするとよい。

大きな滝での滝行は、刺激が強いのでからだを慣らすために一度入ってすぐに出る。そして二回目に本滝行として入る。

本滝行では『般若心経』など数分で唱えられる短いお経を唱えるが、どうしても初めは自分を鼓舞しようと大きな声で怒鳴るように唱えがちになる。本当は、慣れるにつれてからだの緊張がないように余裕を持って、ゆっくりと歌のように唱えられるようになると効果が出る。仏様は小さな声でゆっくりと呼んだほうが来てくださる。来られると、からだの熱が上がり、冷たさも痛みも感じられなくなる。それを称して、不動明王が来てくださったというが、実際はよい滝行ができれば素早く毛穴が閉じて熱を逃がさない状態になる。また、素早く温度の変化に慣れやすいからだをつくることはとてもからだによい影響を与える。そのための滝行であり、おまけに仏様との一体感を得られるという素晴らしい行である。

仕上げとしての三度目の入滝は、お風呂の上がり湯のように、最初と同じように少しだけ浴びて出る。

滝行の作法としては仏教、神道の各派でさまざまだが、私がしているのは滝に入るときに手刀を切るという方法である。右手の人差し指と中指の二本を立てて他の指を折り、指で刀を作る。これを刀として上から下へと縦に二回空を切り、次に左から右へ横に二回空を切る。最後に丸を大きく描いてから真ん中を突く。これは結界を開けて別の世界（不動明王界）へ入っていく作法である。つまり、段ボールにカッターで十

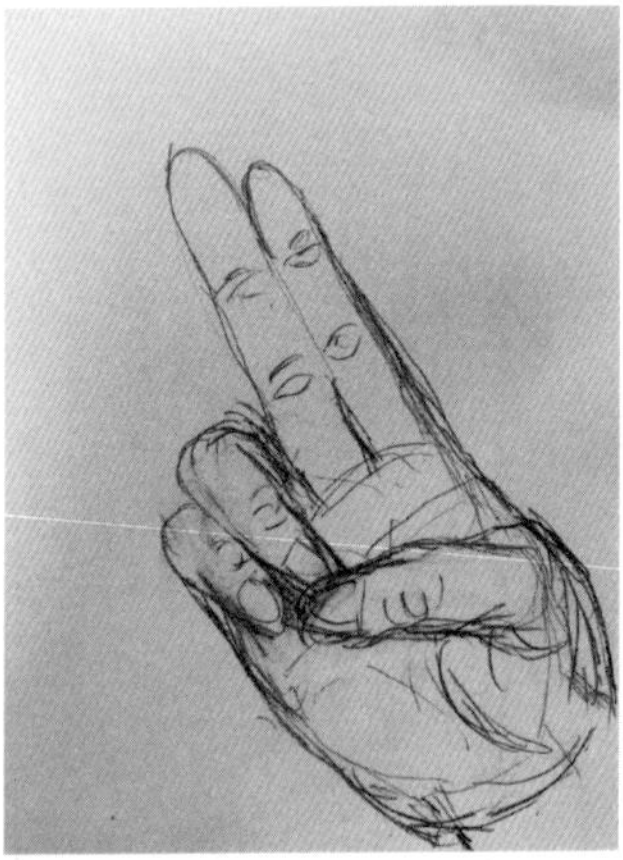

滝行の作法として行う「手刀」

字に切り目を入れ、周りにも切り目を入れ、真ん中を突いて入り口を開けるような形をとる。ただし、円となる切り目は切り抜かず、扉のように開けて結界を切り裂き、そこから入るのである。

最後の三度目の入滝の後で、この扉を閉めて出るのだが、出るときの作法はこの切り口を軽くさっと撫でて、切り目をなくす真似をする。

大きな滝での行は水が飛沫となって飛び散り、滝に入ると呼吸ができなくなるので、合掌した手を蓮の蕾《つぼみ》のようにして、自分の鼻と口を覆って水が入らないようにして息をするとよい。そして大きな声でなくていいから、お経やマントラなどの短い文句を呼吸に合わせてゆっくりと静かに唱える。

滝行というと、男性向けのように思えるが、実は女性のほうが効果を得やすい。女性は男性よりからだの変化をいち早く認識し、思考が変わる率が高いように見受けられる。実際、滝行にハマるのは女性のほうが多い。

ただ女性の滝行について気をつけるべきことがある。昔から女人禁制の滝もあるからそのような滝はやはり女性向きではない。また、どうしても裸に近い格好になるし、着替え等の問題もあるので男女が一緒にやるべきではないと思う。

全国にいろいろな形状の滝があるが、入る滝は昔から滝行に使われていたものをすすめる。それ以外は入らないほうがよいだろう。危ないものもあるし、何が落ちてくるかわからない。

水行

滝行は、最初はその滝をよく知る人に指導してもらうのがいいが、近くに滝がないときは水行《すいぎょう》となる。ただ水行は根本的に滝とは異なるので別物として考えたほうがいいだろう。

高野山や伊勢神宮では川や川に設《しつら》えた水槽に入るものがあるが、これは思いのほかからだが冷えてしまうので行中では逆に大きな声を出したほうがいい。日蓮宗や神社での水をかぶる水行では、足を踏ん張り、桶一杯ずつ時間をおかずかぶるのが一般的であるが、終わった後でからだが温かくなっていることが行としての条件でもある。

家での水行は風呂場で冷水をかぶる。これはシャワーではなく、桶で肩から背中へかけるようにして、これを繰り返す。水の量はそんなに多くなくてよいが、一気ではなく十回位に分けて時間をかけたほうがよい。お湯をかぶったり、入浴の後に水をかぶったりするのは別物で水行とはいわない。もちろんサウナの後の水風呂も同じく別物である。

もし、万が一水行でからだが冷えすぎてしまったら、からだ全体を温めるのではなく、顔面と手のひらを直接炭火で温めるとすぐに回復する。冷えに一番弱い臓器は腎臓で、古来より顔と手のひらを温めると腎臓によいとされ、「冷えとり」法になっている。

徒走行

滝行は山岳修験道で普通に行われる修行の一つである。出羽《でわ》羽黒山《はぐろさん》には修験道場があり、誰でも山伏《やまぶし》修行ができ、徒走行《とそうぎょう》の合間に滝行を体験することができる。滝行を徒走行の間に入れると、水の冷たさで皮膚の毛穴が閉じて体熱が逃げなくなって体温が上がり、とてもからだによい効果がある。

徒走行は歩く、走るという、からだを使って悟ることを目指してできた。徒走行はお経やマントラなどの呪文を唱えながら行うが、唱えることで左右の足の動きに呼吸が重なり合って一定のリズムをつくるのである。これは別にマントラである必要はなく、右足を出すときに右と言うだけでも成立する。歩き方は上りも下りもできるだけ一定の速度で、休まずにたんたんと歩き通すのである。

ちなみに、修験道では山に登拝するときに「懺悔《さんげ》 懺悔、六根清浄《ろっこんしょうじょう》 六根清浄」と口に出して繰り返すが、これは永平寺の雲水による白山拝登でも行われている。四国巡礼では「南無大師遍照金剛《なむだいしへんじょうこんごう》」と唱えながら、「同行二人《どうぎょうににん》」と背中に書いてお大師さんと八十八カ所を回るが、亡くなった人の位牌を持って、やはり同行二人の巡礼者も多い。

第四章

呼吸法・坐禅

呼吸でからだをコントロールする

極寒での瞑想

人間のからだには本当に強靭な適応力がある。少しずつからだを慣らしていけば、からだは頭で想像する以上にそのときの環境に合わせてくれる。そのからだを慣らすコツが「遅い呼吸法」である。

呼吸がからだをコントロールすることを実感し、会得したのは、日本からラダックのリゾン寺に戻ったときだった。

その初めての冬、私はその生存環境に驚かされた。気温はマイナス三〇度ぐらいに下がり、暖房はないし、防寒の服もない。下着もなく、あるのは僧衣のみ。食事はほんの少し。顔を洗うのも手を洗うのも、お尻を拭くのも、みな砂でこする。

教えられた冬の瞑想は窓から山を見ることだった。

先輩僧であるアンドッス師は、こんなことを言った。

「あの山へ行って帰って来られるようになれば、指は決して凍らない。それができなければ、指が折れるか、ちぎれるだけだ」

初めはなんのことかわからなかったが、じっと山を見ていると次第に接地感覚がなくなって、ふわふわと山のほうへ飛んでいくような気持ちになった。山がだんだん近くに見えるようになり、そういう状態が続くと、なぜか一切余計なことは忘れてしまう。時間も空間もなくなる。寒さの意識もなくなる。意識が異様に研ぎ澄まされてくると、自分のからだを巡る血液の音が聞こえ、さらさら流れる様子が見えてくる。すると手の先、足の先が温かくなってくるのがわかる。からだは自分たちが生きるために最善のことをするのだろう。

わからないなりに、必死に修行をしていると、あるときふっとわかるときが来た。これが体得というものなのだろう。体得したものは真に自分のものになり、生涯忘れることはない。

リゾン寺でのこの冬の瞑想では二分間に三回の呼吸をしていた。これは一つの呼吸が四十秒ということだが、この遅い呼吸法によって足の指先、手の指先まで体温を常に高い状態、三七度近くに保つことができる。これでからだは凍らない。長い歴史で培われた行者たちの生活の知恵だ。

坐禅で悟るには

私は行をすることでからだに介入してきたが、坐禅もその一つであり、からだを改善するにはとても効果がある。実は坐禅の真髄は呼吸とともにあり、遅い呼吸を取り入れることでからだを変えていくことができる。

坐禅は仏教修行の中心である禅定《ぜんじょう》、無念無想の境地になって悟るための修行法である。インドで禅が起こり、中国で坐禅という形に磨き上げられてからでも一千年以上が経過しているが、日本では禅宗の基本的な修行法であり、白隠禅師は坐禅を究極の身心健康法として書に著している。

私自身、毎朝の坐禅を日課にしているが、悟りに至るための修行法としてのみならず、誰もが自分の身心の状態を整え良好にするために、これほど優れた方法はないのではないかと思う。必ずしも禅僧がするような結跏趺坐《けっかふざ》で坐らなければということもないし、寝たきりの人でも、寝たままの姿勢でできる臥禅《がぜん》というものもある。立場を問わず、体調を問わず、宗教さえも問わずにできる。また、修行の道を志す人、身心を整え、人生を充実させたい人、健康長寿を願い、身心の病を克服したい人など、どのような方でも自ら実践する意志さえあれば、その実践した分だけその人に恩恵を与えてくれるだろう。

ただそのまま曹洞宗や臨済宗の坐禅をやっていても、肉体的にはあまり変わらないと思う。

坐禅の修行のために禅堂に行くことがたまにあるのだが、たくさんのお坊さんがいても坐禅をして悟った方を見ることはあまりない。この場合の「悟る」とは、覚醒ともいえるが、何かが「からだ」から抜けるような感覚が起こる。そして楽しくてしょうがないというような感覚が押し寄せ、見る景色が明るく輝いている。周りで見ていても、その人のすべてが一瞬で変わったというのがよくわかるだろう。私の推測では、たぶん、十人いたら一人ぐらいの経験者はいると思うが、悟ると顔つきが変わるから、見ていたらわかることだ。

問題は悟りの境地を維持する期間である。どのくらいその境地を持続できるか。ずうっと悟っていたのは仏陀ぐらいのもので、みんなある期間でその境地はなくなってしまう。ひと月かふた月も経てば前に戻ってしまう。でも、経験した感覚は残るので、もう一度あの感覚を覚えたいなと努力すると、また覚醒することができる。すると、前より覚醒している時間が長く保てるようになる。

それでもほとんどの禅僧は、その境地を体験しないまま、あの抜ける感覚が生涯訪れることもなく、単なる日常の行で終わってしまうことのほうが多い。坐禅は集団でやることで効果があることが多いのだが、そういう感覚を味わえないと、つまり「楽しい」という感覚を知らないまま坐禅をしていると、そのうち自分の部屋で一人坐禅を組むことすらなくなってしまう。

坐禅での遅い呼吸とはからだを変え、悟るためのものでもあった。これは曹洞宗にも臨済宗にもないことで、ジャイナ教だけが実践している。そうなると邪道といえなくもないのだが、チベット仏教とジャイナ教以外の宗派にはない。またインドでは究極に遅い呼吸として「止息」（クンバカ）という息を止める行法がある。

真冬のリゾン寺で私がしていた遅い呼吸は必然的に体温を上げ、凍傷を防ぎ、呼吸でからだをコントロールできることを実証している。

呼吸と神経作用

呼吸には口呼吸、鼻呼吸、皮膚呼吸などがあるが、通常坐禅や瞑想で使うのは鼻呼吸である。鼻で呼吸しないと効率よく酸素の摂取ができない。鼻呼吸を遅くしていくと必然的に吸い込む酸素の量が少なくなるが、酸欠になる境は一分間に四呼吸まででであり、これより呼吸の回数が減ると通常は脳を働かせるために必要な酸素が足りなくなる。データ上では酸素不足ということになるが、実際のところ酸素濃度はそれほど落ちないのでどこからか入ってくるわけで、それは皮膚しかない。このことは、ドイツのマックス・プランク研究所が皮膚の表面から体内に空気中の酸素が供給されたことを測定している。

遅い呼吸がからだによい影響を与えることは科学的に測定されている。
知人が勤務しているアメリカのアレルギー研究機関で、呼吸の回数と自律神経の関係を測定した結果によると、副交感神経、交感神経のバランスがとれ自律神経が最もよい状態で安定するのは、一分間に四回の呼吸だった。これは十五秒で一回の呼吸であり、十秒で吐いて五秒で吸う。これを鼻で行う。息を吐ききったり、吸いきったりしたときに呼吸は止めない。普段の状態だとこの呼吸は遅すぎて苦しくなるが、これを坐禅で行い、頭の想念を取っていくと次第に安定してくる。この状態で坐禅を二十分以上行うと自律神経がよく安定する。二十分で八十回の呼吸になるが、二十五分では百回以下の呼吸が理想といえる。

呼吸を遅くしたときにまず注目されるのは血中酸素濃度（SpO2）の低下である。病院では指を計器に挟んで測定し、濃度が低いと酸素吸入の処置をされる。坐禅の場合、呼吸をゆっくりしていくことで当然血中酸素濃度は下がるが、これは異常ではない。ヒマラヤなどの高地で測ると血中酸素濃度は下がるがなんともないという状態と同じである。これはゆっくりとした坐禅の呼吸で末梢の血管まで血がよく流れるからである。

通常、最も細い末梢の血管は赤血球が通らないくらい細く、そこまで赤血球は行きわたらないのだが、この坐禅の呼吸で神経が安定し、その働きで赤血球は流れに乗って末梢の血管まで行くのがわかっている。血管と神経は同じようにからだの末端まで来ているので、神経の働きで血液がよく流れ、血液の働きがよいと神経の伝達もさらによくなる。

つまり、血液がよく流れるということは免疫が上がるということであり、病気になりにくいからだになる。逆に、自律神経失調症になると血流が悪いということであり、精神的・肉体的疾患を発症しやすいといえる。

呼吸の回数と血中酸素濃度

坐禅（二十分）での呼吸回数と血中酸素濃度の関係を測定装置で測ってみると、以下の結果になった（通常の状態は九六〜九九パーセント）。

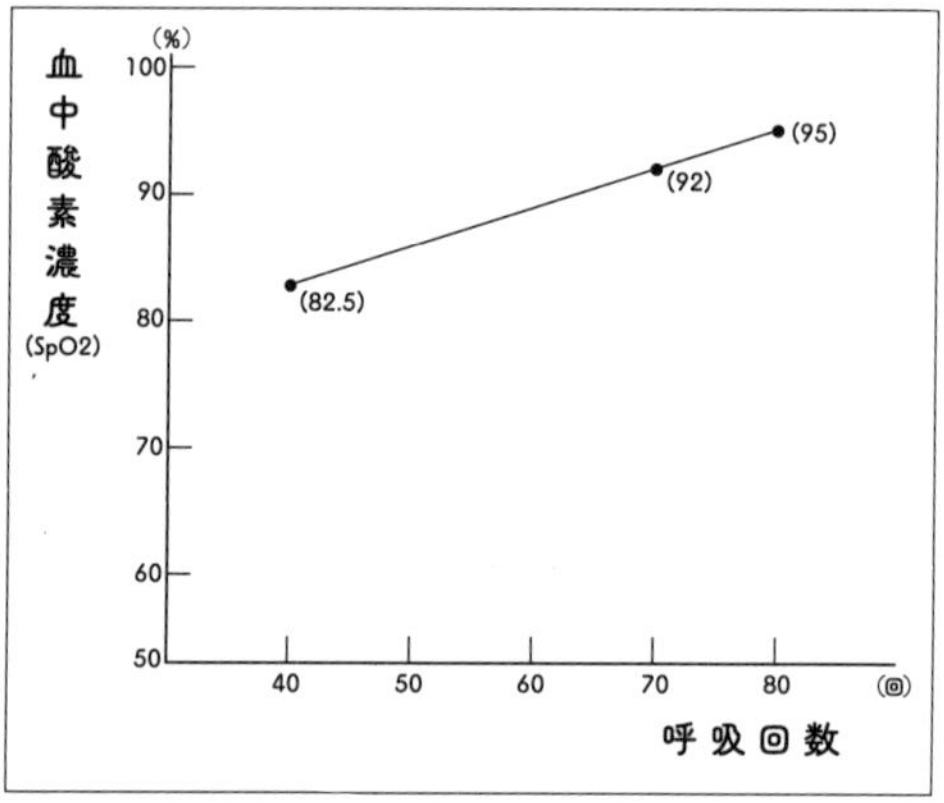

坐禅（20分）での呼吸回数と血中酸素濃度の関係

八十回（一分間に四回）の呼吸で九五パーセント。

七十回の呼吸で九二パーセント。

このように、十呼吸ずつ下げていくと、三パーセントずつ落ちている。

四十回（一分間に二回）まで無理なく落ちて安定すると、通常よりも一五パーセント低い八〇～八五パーセントという血中酸素濃度を示す。普通ならとても苦しくて酸素吸入が必要になる状態だが、坐禅ではそうならない。非常に血流がよい状態になっている。ただ、この呼吸に落としていくには、無になる、すなわち想念がなくなっているというのが条件となる。

私の経験では、前述の通り、チベットでは二分間に三呼吸の瞑想をしていた。これは一つの呼吸が四十秒ということだが、こうなると足の指先、手の指先まで非常に温かくなり、気温がマイナス三〇度の極寒で指を出しても凍傷にならない。自らの血流でからだを守ったのである。呼吸がこれだけゆっくりとなると交感神経が上がっているわけだが、ストレスを感じるということはなく、とても心地よい状態である。また、そのくらい血液がからだに回ると、質素な食事で十分だった。実際、チベットでは、一日六〇〇〜七〇〇キロカロリーという基礎代謝を大幅に下回る低カロリーな食事で暮らしていたが、誰も病気になることはなかった。

チベットでの呼吸は、人間が本来必要としている酸素量を大幅に下回っていることは明らかである。しかし、行として行うことは可能であり、そこまでいくと凍傷を防げるだけでなく、凍傷になりかけている細胞を復活させることができる。昔から、インドや中国の仙人は、この呼吸ができたら、どんな高山でも食べ物がないところでも暮らしていけるといわれていた。もっとも、呼吸をこれだけ遅くするには、通常の坐禅では不可能である。アンドッス師に教えられた一種の幽体離脱法——自分のからだから自分を出して遠くの山にもっていく——が必要となる。それができなければこの呼吸はできない。

呼吸を数える

遅い呼吸の坐禅をどのように始めるか。

原則として口は閉じ、鼻呼吸。鼻から吐き、鼻から吸う。初めは、この呼吸の数を数えるところから始める。吐いて吸って「一つ」、吐いて吸って「二つ」……と続け、百まで数える。次に百から一に戻って、同じく、「一つ」「二つ」……と繰り返す。途中で数がわからなくなったり、他のことに気をとられて数えられなくなったりしたら、また元に戻って「一つ」から数え直す。途切れた数字のところから再開しても構わない。とにかく、まずは自分で自分の呼吸を数えられるようになることが基本である。

こうして、二十分間なら二十分間、呼吸の数を数えられるようになったら、次は次第にその呼吸の速度を落としていく。自然に、苦しくない程度に落とす。理想的には十秒かけて吐き、五秒かけて吸うという十五秒呼吸（一分間に四回の呼吸）。呼吸は止めない。この呼吸で百まで数えると、単純に計算すると二十五分になる。二十分間の坐禅なら八十回の呼吸になる。この呼吸のペースが、自律神経が一番よく整うものとしてわかっている。

坐禅の時間の長さは神経伝達的な要素で測ると二十分は必要だが、とはいえ長ければ長いほどよいかというとそういうものでもない。四十分を超えての坐禅は安定度が上がっていくが、神経伝達のカーブは微妙に緩やかになっていく。効率を考えると、一日に間をおかずに何回も繰り返していくほうがからだはよい反応をするようである。結論から言うと、ダラダラと長くやらず、短い時間でもきちんとした体勢で何回も繰り返したほうがよい。

呼吸を数えるのは、息が自分の想念・思念とつながっているからで、呼吸の数を数えることに焦点をおくことで、結果的に想念・思念を払うことになる。

呼吸が一分間に四回になり、さらに遅くなって三回になると、二十分坐ると六十回の呼吸になる。そこまでいけたら、呼吸の数を数える数息観《すそくかん》ではなく、一つひとつの呼吸に焦点を当てる随息観《ずいそくかん》にする。一分に三回の呼吸なら、一つ吐く息で十四、吸う息で七つ数える。

一分間に三回の呼吸になると、からだは低酸素状態になるが、坐禅をする上ではとてもよい状態になっている。繰り返すが、それは低酸素を補うために血流が増し、同時に血管の周りに通っている神経が影響を受けて活性化するからだ。この遅い呼吸が苦しまずに自然にできるようになると、頭の中でほとんど思考は発生しなくなる。思考のための血流は回らないが、神経は活性化されて頭はクリアとなる。

リラックスしているときに副交感神経が働き、ストレスがあるときは交感神経が働くというが、本来からだの臓器が動いているのは交感神経が働いているからである。しかも、低酸素状態となるとからだの皮膚からも酸素吸収が始まるが、神経作用によって皮膚口が開き、それとともに末梢の毛細血管にも温かい血が流れてくる。足の指先、手の指先まで温かくなる。要するにからだのよい状態というのは、交感神経と副交感神経がどちらもバランスよく働いているということである。

無になって坐禅ができれば何も問題はないが、脳が考えを起こすと酸素と糖が必要となる。つまり坐禅中に思考すればするほど低酸素状態が加速されエネルギーが必要となる。逆に言うと、遅い呼吸でも脳の思考活動が停止すれば、酸素と栄養が節約でき、酸欠にはならないし、脳にダメージを与えない。ジャイナ教はじめ、長期の断食を行うのに坐禅を用いることが多いのはこの理由からだ。

つまり、坐禅の際に少しの呼吸で効率よく酸素を取り入れるには、吸った時間の二倍の時間をかけて、からだの中に息を残しながら吐く。理想的な呼吸の長さは五秒で吸い、十秒でゆっくり吐く呼吸を二十分以上続ける。この状態で脳はリラックスしていながら、からだ中の神経作用はよく回り、楽しめる坐禅ができるようになる。

坐禅で腸が変わる

深い呼吸で腸を活性化する

坐禅によって脳波が安定することはすでに知られているが、近年の検査機器でほかにもさまざまな坐禅の効用が明らかにされている。その一つが自律神経の刺激によって腸が活性化されることである。坐禅は脳に効くばかりでなく腸にも効くということになる。

坐禅によって、まず脳の活動は休まり、腸は脳に邪魔されずに働ける状態になる。また坐禅での深い呼吸も、腸を動かすのでからだ全体に血流が回り、血行が促進されて神経の伝達がよくなる。すると自律神経のバランスがよく整い、腸の蠕動運動が活発になる。その結果宿便《しゅくべん》が排泄されやすくなる。

坐禅は副交感神経と同時に交感神経も活性化するので腸の動きが活発になるが、瞑想のように副交感神経が上位に働いているリラックス状態では、腸はあまり動かない。つまり、同じゆっくりとした呼吸でも坐禅は腸に効くので、その結果腸が変わり、からだ全体にさまざまなよい影響を与えることができる。逆に言うと、小腸をよい状態にすればよい坐禅ができるといえる。

小腸をよい状態にするにはよい食べ物、よい食事の摂り方に尽きるのだが、腸の状態をよくすると、坐禅の深い呼吸をするだけで小腸の粘液が定期的に排泄されるようになる。つまり、頻繁に断食をして宿便を出す必要もなく、常に腸がきれいな状態になる。私自身、坐禅をするだけで宿便が排泄されている。ただ、誰でもすぐにはそこまでにはならないので、初めは断食を取り入れたほうが効果的である。

小腸が臓器間のネットワークをコントロール

最新の研究で、断食における腸の活動を明らかにするものがあった。

一つは、iPS細胞でノーベル生理学・医学賞を受賞した山中伸弥《しんや》教授が、あるNHKの番組で臓器間のネットワークについて解説されていたが、そのテーマは全身の臓器は互いに直接情報を伝達し、しかも脳からの指令を待たずに情報の交換ができるというものだった。それをメインにコントロールしているのが小腸で、小腸は脳を介さずに直接腎臓や肝臓に電気信号で情報を伝達し、臓器間の調和をとっているという。つまり、小腸は自ら判断し行動する臓器であることを明らかにしていた。

もう一つ、アメリカ・ジョンズホプキンス大学の研究では、腸が第二の脳であることを指摘している。食道から直腸までの消化管は一億個を超える神経細胞の膜で覆われており、この腸管神経が脳と双方向のネットワークを形成し、密接に影響し合っているという。また腸からは脳が出す情報伝達物質——リラックスさせるセロトニン、やる気ホルモンといわれるドーパミン、ストレスを減らすギャバ（GABA）、免疫システムに働きかける短鎖脂肪酸などを放出しているともいう。つまり、腸は脳と同じように電気信号を発してやりとりしている第二の脳といえる。腸は脳と情報を交換し合うが、自ら電気信号を独自に発信し、その伝達を行っていることになる。

つまり、普通に坐禅をやっていても、それほど小腸は動かない。ゆっくりとした呼吸法をしながらやることで電気信号が伝達されて小腸の蠕動運動が起きる。またその動きによって腸内の菌も変わり、体調を整えていく。

昔から行われていた行にはいろいろなものがあるが、こういう自然の成り行きを知っていたというよりもからだに働きかけて効果が見られることがわかっていたから、行が伝統として確立されたのだろうと思う。行の効果を科学的に裏付ける必要はないのだが、実際に行がそういった効果をもたらしているということを知っていてやると体験も違ってくるのではないかと思う。そういう意味でもからだを変えていくには呼吸で小腸に働きかけるのが一番よい。

坐禅の実際

坐る前に

そもそも坐禅とはどのように坐るのか。どうしたらいい坐禅ができるようになるのか。私は十年ほど前に『からだに効く坐禅』（七つ森書館・絶版）で坐禅の仕方について解説した。呼吸法を先に述べたが、改めて基本的な坐り方を紹介させていただく。

坐禅は朝行うのが最もよい。

坐禅には自律神経を整え、交感神経を高める作用があるので、朝起きて、坐禅で一日をスタートさせる。身なりを整えるに越したことはないが、習慣づけるということが大事で、寝床で坐ってそのまま始めても構わない。朝は何かと忙しいが、とにかく習慣づけることを目標に始めたらよいと思う。

環境はなるべく静かなところを選び、騒音や人工的な連続音は避ける。室内でするときは電磁波からの影響を受けないようにする。これは、携帯電話やテレビなど周りの電化製品の電源を切るばかりでなく、からだに着けている腕時計やネックレスなどの金属類を外して、からだが帯電しないようにする。

靴下を脱ぎ、素足で行う。からだのなかの電気は左右で電位差があり、両足を接触させることで、流れがよくなる。そうすることによって自律神経の動きが促進され、坐禅がしやすくなる。特に足首より先の部分を接触させると効果がある。手を組むのも同様の作用からである。

足の組み方

基本的には結跏趺坐《けっかふざ》（蓮華座）か、半跏趺坐で足を組む。半跏趺坐には胡座《あぐら》のように脚を開き、右腿の上に左足を上げる左半跏趺坐、左腿の上に右足を上げる右半跏趺坐がある。結跏趺坐は片方の足を腿に上げてから、さらにもう片方の足をその上に乗

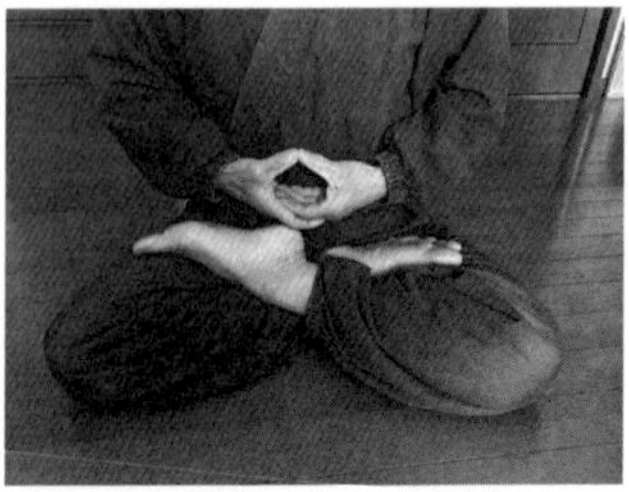

片方の足を腿に上げ、さらにもう片方の足をその上に乗せる結跏趺坐

片方の足のみを腿に上げる半跏趺坐（写真は左半跏趺坐）

せる。左足を上にするのが「左の結跏趺坐」、右足を上にするのが「右の結跏趺坐」という。

足を組む前に片足もしくは両足の裏をよく揉んでおくと、結跏趺坐や半跏趺坐を組んでも足がしびれにくくなる。

結跏趺坐や半跏趺坐は慣れない人にとっては坐りづらいが、坐禅に入りやすい坐法である。特に結跏趺坐は坐ることですぐに坐禅の呼吸に入れる特長がある。最初は誰でも足が痛くなるが、短い時間から少しずつ慣らしていけば、徐々に長く、そして痛みもなく坐れるようになるので、習慣が大事になる。

もし足を組むことができない場合、胡座や正座で行ってもよい。正座での坐禅はからだにとってよい坐り方で、経絡《けいらく》（お灸《きゅう》や鍼《はり》におけるつぼとつぼを結ぶ筋道）が刺激される。

椅子に坐ってする場合は、浅く腰掛け、脚は開かず足先をつける。背もたれにもたれず背筋を伸ばす。手のひらを上に向け、左手を右手の上に置き、両手の親指の先をつけて輪を作る（一二〇ページの写真参照）。

姿勢

姿勢は、首の後ろをしっかり伸ばし、背筋を伸ばし、顎を引くようにする。これは自律神経の働きをよくするためで、背中が曲がっていると神経の情報伝達がされにくくなり、坐禅中の呼吸が浅くなる。背筋を伸ばすときに、よく「上から吊《つる》されているように」といい、頭を何かで引っぱられるようなイメージをして姿勢を正すとよい。からだも動かさないように維持する。動いてしまうと高まっていく神経作用が元に戻ってしまう。

坐るときは、座布《ざふ》（座布団）などを使ってお尻を高くするが、尾骶骨《びていこつ》に引っ掛けるような感じで前のほうに坐ると姿勢が保て、やりやすくなる。

尾骶骨は頭の上のエーテル体（生命を維持するエネルギー体の一つ）と同じように呼吸

坐禅では首の後ろと背筋を伸ばし、顎を引く。目は開けたまま視線はやや下

が充実する場所なので、少し突き出すような坐り方がいいと思う。

姿勢の良し悪しによって、神経の伝達や血流の状態が変わり、サーチュイン遺伝子（長寿遺伝子）やミトコンドリア（細胞内に存在する小器官）の量が変化し、老化防止や長寿にも影響を与えるといわれている。

目線

目は必ず開け、目線は真正面より少し下げる。視線をその場に固定し、見つめるともなく見る。「半眼」といわれる状態は、禅定に入ったときに自然になるもので、初めはしっかりと目を開けておく。また、できるだけ瞬きをしない。初期の段階では、涙がポロポロ落ちるくらいがいいといわれる。

目を閉じると、いろいろな妄想やビジョンが生まれ、瞼《まぶた》の裏で眼球が動いて思考が始まる。また眠くなることもあり、睡眠中と同じような神経作用になるので臓器、特に小腸の蠕動が弱まってしまう。こういったことを避けるためにも目はしっかりと開けておくことが必要である。眼球の動きと思考は連動しているので、眼球の動きが止まると思考も停止する。

一人で坐っていて目線が定まらない場合、ろうそくの灯りなど床に何か目印になるようなものを置くという方法がある。また、壁に向かって坐るのもその一つである。壁に向くと余計なものに視線を奪われなくなるが、その分眠くなりやすいので注意が必要となる。

坐る向き

坐禅でのからだの向きは、壁に向かって坐る「面壁《めんぺき》」か、それとも壁を背にして坐るか、二通りある。これは坐禅をする場所によってやりやすい方向があるので、自分で方向を決めて坐ってかまわない。ただ、複数の人間でやるときは全員が同じスタイルで坐るので、面壁か、壁を背にしてお互いの顔が見える内向き（対坐）か、どちらかに決める必要がある。内向きに坐ると、呼気が部屋の中央に集まり、みなの息が混ざり、互いに人の息を吸うことになる。またこの場合、坐禅のうまい人の呼気は、ゆっくり吐いても先の方向にまっすぐ進み、真向かいに坐っている人がその影響を受けることになる。うまい人の正面に坐れば呼吸がつられて次第に呼吸のタイミングが同じになってくるが、一方、寝ていたり、坐禅がよくできていない人が前にいるとその影響を受けて坐禅の質は下がる。

面壁では、自分の息が壁に当たって返ってくるので、自分の呼気を一番多く吸うことになる。全体的には対面で坐るよりも息は混ざりにくいので、周囲の人の影響を受けないようにしたい場合は面壁のほうがいいだろう。

古来、日本の禅宗には、禅堂という、集団で坐禅をするための建物がある。お互いが励まし合ってできるということもあったのだろうが、集団の坐禅ならではのメリットがあった。次第に坐禅が深まってくると、息がより深くなる方向に向かい、息が揃ってきて、つまり息が合ってきて、堂内全体が一つの呼吸に融合するということが起こる。

環境

坐禅は、基本的には静かな環境で行うのが望ましい。ただし、集中力をアップさせるためにはまったくの無音よりもホワイトノイズのあるほうが効果的だという研究もあり、実際、ホワイトノイズの中で坐禅をしていて悟ったというエピソードは多い。

ホワイトノイズとは、一定の音が連続する気にならない程度の雑音のことで、自然音などによく見られる。例えば、水の流れる音、川のせせらぎ、滝の音、波の音、風で木が揺れる音などがあるが、なかでも水の音は、一定のリズムを刻んで変化が少ないため一番よいといわれている。また、水辺や水のある場所はマイナスイオンが出て、電磁波などから出るプラスイオンをかき消してくれるので、坐禅にとてもよい場所といえる。坐禅道場のなかには、禅堂に沿って小さな川を流したり、水を落として音が出るようにしたり、坐禅によい環境を創り出しているところがある。

私はよく滝のそばで坐禅をするが、他の音が耳に入らないので雑念が出にくく、すぐに深い境地に入れることをしばしば体験している。

坐禅中は、あまり匂いはないほうが望ましい。今は汲み取り式のトイレは見かけないが、この臭いはいただけない。香水も含め、匂いは禅定に入ることを妨げる。

服装

坐禅の際の服装にはこれといって制限はないが、やはり、からだを締め付けない作務衣のようなゆったりしたものがよい。

坐禅中、呼吸は次第に遅くなるから、その分皮膚呼吸の比重が増すことになる。そのためにも皮膚を圧迫しない服装が望ましい。また、頭には非常に寒いとき以外は何もかぶらないほうがよい。これは、頭頂部からエーテル体が上がるということだが、お坊さんが剃髪するのはそのためだという説もある。また、靴下ははかず、足の裏が上に向いているほうが坐禅に入りやすくなる。

準備運動と工夫

よい坐禅をするためには、坐る前にストレッチやヨガなどで準備運動をしておくとよい。これはからだを柔らかくするためというよりも、自律神経を活性化させるのが目的である。瞑想は副交感神経だけを優位にしてリラックスさせるものだが、坐禅は交感神経と副交感神経が共に活性化していないと成立しない。つまりリラックスしつつ、神経的には若干の緊張を入れなければならない。それを活性化するために、リンパの流れをよくするような柔軟体操が有効となる。

長く坐るための工夫として、禅堂では経行《きんひん》といって坐禅と坐禅の間に堂内や一定の場所を歩く行をする。これによって足のしびれを取ったり、眠気を解消したりするのだが、歩きながら禅定の状態を保てば、歩行禅になる。

曹洞宗では、一息半歩といって一息ずつ足先からかかとまでの長さの半分ほどの小さな歩幅で前に進むという経行を行う。臨済宗では、さらに工夫を加えて、接心中に一度お堂の外に出て周囲を全力で走る走行経行《そうぎょうきんひん》を行う。長く坐っていた状態からいきなり走るので息が上がるが、これで一気に全身に血が回る。そのあと坐禅に戻ると眠気は吹き飛び、とても心地よく坐れる。体内に血が巡っていることもよくわかる。血が巡っていないと坐禅はできないので、息が切れるまで走るのも一つのアイディアといえる。

坐禅と食

坐禅は空腹状態で行う。満腹だと眠くなりやすくなり、また食事を摂ると消化のために血液が胃に集まり、全身に血液が回らない。坐禅の呼吸法は血を胃や頭に集中させず、全身に巡らせるのが目的なので、食後や満腹状態での坐禅はよくない。少食、菜食がよい。脂気の多い動物性の食べ物は血流の速度を遅くするので避ける。

アルコール類は日頃から飲まない。感覚を麻痺させるので、摂取すると覚醒から遠ざけ、禅定も深まらない。

坐禅の効果を高めるには

そのほか、坐禅を深めるための工夫がいくつかある。

一つはマスクをして坐禅をする。私は新型コロナウイルス感染症の流行前から一人で坐禅をするときには度々マスクをしていた。これは意図的に低酸素状態にして呼吸をゆっくりするのと同じ状態をつくるのだが、雑念が早くなくなり、心を落ち着かせることができる。チベットなど高所の酸素の薄いところでは精神が落ち着くのと同じ作用だが、自分の吐いた息（二酸化炭素）を吸うことで気持ちが落ち着くという理由もある。逆にスポーツなどでテンションを上げるときには短時間にたくさんの酸素を取り入れる過呼吸を使うことがあるが、酸素をたくさん取り入れることは思考につながりやすい。

二つ目は滝行である。坐禅の前に滝行をすると、たちまち呼吸が変化し、大変深くなる。とはいえ、いつでも滝に入れるかというと身近にはないことが多いので、滝の代わりに桶で二、三杯の水を背中にかぶるだけでも効果がある。背中を洗うような感じで水を流す。桶が無理ならコップ一杯程度でもかまわない。冬に水をかぶるのはからだを冷やすのではないかと思われるかもしれないが、そのあと坐禅をするとからだ全体の毛穴が締まり、からだが冷えることはない。皮膚が刺激されて血流がよくなり、結果として頭から思考が外れやすくなるのだろう。いずれにしても、背中に水をかけてから坐禅をしたほうが、早く禅定に入れる。

そのほか特殊な方法だが、目線の先にろうそくを置く。炎を見つめることで目線が静止し、思考が止まるというメリットがある。じっくり見つめるというよりも、あまり集中しすぎないで漠然と眺める程度にする。いずれにしろ、真っ暗闇よりも、少し目に光が入ったほうがよい。

実は人間のからだで光を感じるのは目だけではなくて、耳の穴や脇、股などでも感じているといわれている。からだで光を感じると、神経によい影響を与える。

朝起きたとき、太陽の光を浴びることは大事なことだが、服を着ていると股や脇は光を感じることができない。常に衣服で覆われていないのは、目と耳で、耳を太陽のほうに向けるだけでも、自律神経の働きはよくなるといわれている。フィンランドではうつを治療するのに、耳の中に光を当てる器具が開発されている。これはイヤホンの中に小さな電球を組み込んで、音楽を聴きながら耳の中に光を照射する仕掛けになっている。少しイレギュラーな気もするが、効果があるということなのだろう。

私が行っているのは、真っ暗な部屋で自分の背後にろうそくを置いて坐るというもの。部屋はろうそくの灯りで明るくなり、目の前には自分の影ができる。一つは自分の影を見ながら、もう一つは背中に光を感じ、それを意識しながら坐禅をする。ろうそくを前に置いてやる坐禅もいいが、後ろに置いてもおもしろい坐禅が体験できる。

坐禅も続けていると、よいときもあれば悪いときもある。毎回同じことをずっと続けているとマンネリに陥るので、少し工夫をするとよい。そうやって、常によい坐禅をできるようにし、神経を整えることが大事だと思う。そのよい状態をからだに記憶させておくと、集団で坐禅をするときにも自然にその状態を思い出す。意図的にではなく、からだが自然に思い出すことでよい坐りができる。その連続で、あるとき「抜ける」、すなわち、はっとするような瞬間が訪れるに違いない。

坐禅と瞑想の違い

同じインドの宗教でも、ヒンドゥー教は坐禅ではなく瞑想を行う。坐禅と瞑想は目的も方法も異なる。坐禅は「無」になることを目指し、瞑想は「空」になることを目指す。無とは何の感覚ももたないが、空とはこの世でない神・仏の世界のビジョンをつくる。

まず、坐禅では目を開けるが、瞑想は目をつむる。坐禅は言葉を発せず黙して行い、からだは動かさない。一方瞑想はマントラなどの言葉を使ったり、からだをリズミカルに揺さぶったりすることもある。坐禅の呼吸は深く、瞑想はそこまで深くする必要はない。

坐り方は、坐禅では手足ともに左右を組むが、瞑想では足を組んでも手は組まずに広げることが多い。坐禅は手のひらを内に向け、瞑想は手のひらを外に向けることが多い。これは、交感神経を優位にするのか副交感神経を優位にするのかという、体内の電気の流し方の違いを形に表したものだと思う。

瞑想は、脳波でいうとアルファ波が出て、神経的には副交感神経優位となり、眠っているときと同じようなリラックス状態になる。緊張がほぐれ、ストレスを解放し、心地よい状態をつくる。したがって、脈は安定し、からだは柔らかくなり、よく眠れるようになる。

坐禅ではからだの交感神経と副交感神経がともによく働いている。身体的には、総じて交感神経優位で、ある程度ストレスがかかっている状態であるが、交感神経が強く働くことで、目は冴え、血の巡りがよくなり、腸がよく動く。実は、腸がよく動かないとよい禅定にはならない。それで坐禅では、交感神経を上げるために肉体的には若干のストレスを意図的に与える。坐禅は夜寝る前よりも朝にしたほうがよいというのもこの理由からである。

臨終の呼吸

その人の坐禅がどうであったのか、真に評価されるのは死ぬときである。坐禅の要は呼吸である。死ぬときは、その呼吸を引き取るわけだから、自分の中に呼吸をどう納めていくかが問われることになる。うまく息を引き取れるかどうかは、それまでにしてきた呼吸の質によるだろう。だから坐禅の評価は死ぬときに表れる。

私の周辺では、断食を機に坐禅が深まったという方が大勢おられる。そのなかの一人、腎臓がんで亡くなられた方なのだが、死期を迎えるときに坐禅の呼吸法をしていくと観音様が現れ、痛みが去っていったと言われた。もちろん、モルヒネなどは使っていない。

実は、白隠禅師もこれとまったく同じことを言っている。痛みや苦しみで息をするのが大変になっても、『延命十句観音経』を唱えていくと呼吸が納まったという。そして、呼吸が納まり、痛みが引くときに、白い光とともに観音様が見えるとも言った。坐禅は何年もかけて修行をするものだと思われがちだが、死期が迫って、それほどの時間がないときでも、こういった恩恵は受けられると思う。

腸を動かす臥禅

病気や怪我で起き上がれない場合は、寝たままでできる禅、「臥禅」がある。これは入院している方や、あるいは臨終期にも適した禅行であり、寝たままでもからだの一部を使いながら呼吸をすれば内臓がちゃんと動くようになり、実施された方々からいろいろな報告をいただいた。

スキルス胃がんから腹膜播種《ふくまくはしゅ》になって、食べられない、水も摂れない状態になってしまった方がいた。点滴で水分を補給しようとしても吸収されない。睡眠にも障害が出て睡眠薬が出たが、服用していたらうつになってしまった。余命宣告をされているのにうつになって、抗うつ剤まで出され、ひどく苦しまれていた。

そこで私は病院へ行って、彼に臥禅を指導した。立てない、坐れない状態でもできる禅で、呼吸に合わせて足を交互にゆっくりと踵《かかと》から突き出す動きをするだけである。仰向けに寝たままで始める。息を吸いながら（五秒）片方の足を踵からお尻のほうへ引っ込める。息を吐きながら（十秒）その足を踵から突き出す。次にもう片方の足も同じ動作で行う。交互に足を引っ込めては突き出し、動作と合わせて深い呼吸をする――これが臥禅である。

眠れないときはそのたびにするように指示したのだが、実験的に行ったとはいえ、見事な効果があった。ただ足踏みするだけでは腸は動かないのだが、これを呼吸法と合わせてすると、癒着していた小腸が動くようになり、蠕動運動をするようになったのである。腸が微振動するようになると、水分が吸収されるようになり、水が飲めるようになり、最終的に流動食が摂れるようになった。そうしたらよく眠れるようになり、一気にうつ状態は解消された。最終的には、からだが楽な状態でしばらくしてこの世での生涯を終わられた。世界を駆け巡って活躍されていた方だったが、水が飲めて、食べられて、眠れて、これ以上の幸せはないと最後にしみじみ言われたのがとても印象的であった。

第五章

からだと食

非食という行

食べ物でからだが変わる

ブレサリアン（不食者）といって食事をしない人がいるが、ここでは食べないということではなく、食するに非ずという話をしていきたい。つまり、食事を健康法としてではなく行として捉えてみる。そうでないと、この飽食の時代に少食や断食の習慣を身につけていくのはなかなか困難だし、からだを改善するのも難しくなる。自分にとって食とはいったい何か、何を食べたらいいのか、どんな思いを持って食べるのか。さらに意識を広げ、世界の食糧事情や環境問題を考え、自分のためではなく人のためにと思って非食という行を始めてみる。すると少食の習慣は意外と達成されやすい。

仏教では、自分の食べ物を分けて、仏や餓鬼にお供えする慣わしがあるが、食に対する考え方は根本的にこういうところにある。

禅宗には食べる前に唱えるという『五観《ごかん》の偈《げ》』があるが、禅宗では、食べ物は薬であると考えられている。枯れて死ぬのを避けるために食べるのであり、食べ過ぎることはありえない。

食べ物は病気と深い関わりがある。食養やマクロビオティックの考えでは、食べ物を変えて病気を治そうとするが、それだけでは治らないケースも少なくない。食べ物がからだを変えるためには、そのプロセスがあるからだ。

食べ物を変えると、まずその人の考え、思いが変わる。考えが変わると、その人の祈りが変わる。祈りには自我の入る余地がない。五体投地や坐禅は自分を無にし、自分がなくなるというところまで行ったとき、初めてからだが変化する。

その、おおもとになる食べ物は十分に注意を払って選ぶ必要がある。

食べ物が不足していた時代では出された食べ物は残してはいけない、すべていただくのが礼儀であるとされた。しかし、今や飽食の時代になり、多くの人は常に食べ過ぎの状態にある。しかも添加物が使われ、高カロリーのものや嗜好品が溢れ、もはや残さず食べる行為は必ずしも美徳とはいえなくなっている。

少食のすすめ

まず食事というものを考えてみる。現代は一日三食が当たり前になっているが、一日に何度の食事をするのがいいのだろう。

日本では古代から朝夕の二食だった。それが三食になったことについてはいろいろな説があるが、一日三食がからだによいかというと、それについてはなんの根拠もない。戦国時代に戦いに明け暮れる武士たちが三食摂らないと身が保《も》たないということがあったのだろうが、どうも江戸後期に食の文化が発達して贅沢として広まったところがある。

タイ、スリランカ、ミャンマーの僧院やチベットの一部では一日二食が一般的である。これに比べて日本の僧堂は一日三食で、場合によっては四食、ときには五食のときもあり、これはどうなんだろうと思ってしまう。

では、四回に分けて少なく食するのと、二回に分けて多く食するのではどちらがからだや生活のリズムによいか。

医学的にいえば、消化的には胃腸に負担をかけない少食にして四食がよい。生活のリズムの自然さからいうと、二食が理にかなっている。食事の回数が減った分時間が節約でき、遅い朝食と早めの夕食になるから早寝早起きの生活になる。

ではは排泄に関してはどちらがよいのか。これは絶対的に二食に軍配が上がる。消化と排泄のために腸管はフル稼働するので長時間内臓を休ませる必要があるからだ。食事と食事の間の時間、特に夜間を通して時間が長いほうが腸管は休まり、よい排泄ができる。

では、食事にかける時間、量やカロリーはどちらをメインにするとよいのか。普通、朝食は簡単に済ませ、夕食はおかずも増え、人によってはお酒を飲んだりするから時間もかかる。しかし、本来、朝食は多めに摂り、夕食は少なめに摂るのがよい。その理由に、夜は空腹のほうが熟睡しやすいからで、熟睡の証しとして夢を見ることがあまりなくなる。また修行も同じで、空腹のほうが行もしやすくなる。

少食がよいという一番の理由は、少食にすると腸に負担がかからないということだが、腸内環境が整えられ、その結果腸内菌が住みやすくなるという利点がある。

例えば一日三〇〇〇キロカロリーの食事を摂り、六〇〇キロカロリーの排便があるとすると、栄養吸収は八〇パーセントになる。そのときに吸収されていないカロリーを持つ残渣《ざんさ》、便は腐敗して有毒なガスを発生させるが、このカロリー残率ががんの発生率と比例するといわれている。特に麺類を食べると未消化のままの残渣があるばかりではなく腸の粘膜（腸皮）の量も多く出るので、腸に負担がかかっていることがよくわかる。またカルシウムやビタミンなどの栄養素も十分摂れているとはいえない。

一方少食の人の場合、便量はあるが、消化されているのでカロリーはほとんど残らない。つまり腐敗する残渣がほとんど出ない。栄養素もカルシウムやビタミンなどあまり摂っていなくても十分の量が骨などの組織から検出され、腸でつくられていることが発見されている。車に例えるなら、低燃費ハイブリッドカーといえるだろう。しかも排出ガスの少ない、環境にやさしい仕様車である。

食事の内容、質についてだが、やはり私は菜食をおすすめする。少なくとも肉類は少量にするほうがよいと思う。実は日本のベジタリアン率は海外より低く、しかも食事の内容はだいぶ西欧化している。私は、過度の肉食によって遺伝子コピーの不具合が起こり、がん細胞が生じるなど、重篤な病気にかかりやすい体質になるのではと懸念している。日本人は古代から穀類と野菜の菜食中心だった。日本人の遺伝子はまだまだ昔のままなので肉食に対応していないというデータがある。千年以上の食事内容でできた遺伝子はここ百五十年ぐらいの期間でそう簡単に変化するとは思えない。

食事療法（ケトン食・ゲルソン療法）

がんの治療や健康のためにケトン食療法というのがある。アメリカ発祥の食事療法で、糖分を断ち、タンパク質（特に肉）と野菜だけで血中のケトン値を上げて免疫力を上げるというもの。もともとはナチュラル・ハイジーンというアメリカの食養生が発祥であるが、日本でもがん患者の食事療法として取り入れられてきた。それに対して、アジア太平洋臨床栄養学会の渡邊昌会長が、日本発祥の玄米菜食療法ががんに対して有効であることを、多くの人を対象に調べて報告している。結果は、ケトン食より菜食療法食のほうが日本人には有利だというもの。渡邊氏の報告をまとめると次のようになる。

日本人の食事内容が変わったのは明治に入ってからのことで、近代の玄米菜食療法を見ると、豆腐など多くの大豆製品からタンパク質を摂っており、先ほどの長い間の遺伝的要因も重なって、細胞の活性に有効であるという。

一方、免疫力をつくる腸内細菌と腸の働きについて考えると、ケトン食では肉などの動物性タンパク質がどうしても過剰になって腸内環境が悪化するし、穀類などの不足が重なって腸の動きが悪くなるので、有効であるとは思えない。

トータルで考えると、がんの治療に一時的な抑制としてのケトン食はよいとしても、長期または通常の健康維持のためには賛成できない。確かにダイエットとしては体重を早く落とすことができるが、便秘になりやすいというデメリットもある。

ほかにゲルソン療法という、主に野菜と果物を摂る食事療法がある。これは食物酵素を徹底的に補って体質改善を目指すものだが、生のジュースや生野菜など生で食するのが条件になる。必然としてオーガニックの野菜、果物でなければならない。ところが、店頭に並ぶ果物の多くは発がん性の農薬や遺伝子を変化させる肥料で育成されたものばかりで、残留農薬や環境ホルモンなどの化学物質が含まれているという問題がある。農薬の多くは熱によって炭素化するが、化学肥料は変化しないので長い期間を経て後に奇形をもたらすともいわれている。もちろんオーガニックで育てられた野菜・果物が手に入れば問題はないのだが、最近では、未発酵の牛糞や鶏糞で育てられた野菜から糞線虫が発見されており、その害も報告されている。

つまりゲルソン療法はこれらの問題をクリアしないといけないので、難しいところもある。近年欧米で、日本食が健康のために流行っているのは周知であるが、伝統食を見直すよい機会だと思う。

菜食のすすめ

小腸をよい状態にすればよい坐禅ができるということで、中国でも日本でも禅宗のお寺では食事に気をつかってきた。禅の基本は菜食である。和食も菜食が中心であり、伝統食を見ると、腸にとてもよいのがわかる。味噌、醬油、納豆など、日本は発酵食品が豊富で、腸の働きに貢献している。味噌や醬油を作る麴菌、オリザ（オリーゼ）

の名前はイネ属の学名“Oryza”に由来する。日本特有の風土と文化のなかで育て上げられた日本にしかない貴重な菌である。タンパク質をアミノ酸に分解したり、デンプンをブドウ糖に分解したりする働きがあるが、まさに生命活動を担っている。納豆も稲作文化から発祥した食べ物で、これも腸を活性化する。腸内の悪玉菌を減らし、腐敗菌の増加を抑える効果があるといわれている。また納豆菌は腸内に留まるが、ヨーグルトやキムチを作る乳酸菌は腸から排出されてしまう。

消化酵素としてよい食べ物は大根おろし、ブロッコリー、キャベツ、キウイなどがある。米を中心に、味噌、醤油、納豆、大根といった菜食をするのが腸の状態をよくし、坐禅にもよいということである。米は白米よりも、ぬかと胚芽のついた玄米のほうがよいが、特にぬか食をおすすめする。炒りぬかを大さじ二杯食べると胃潰瘍の予防になり、胃の荒れや傷が改善される。

細胞は飢えたときに活性化する

私は四十年間ベジタリアンだが、血液検査で特に悪いところはないし、体力もある。

だいたいインドでは二千年以上何億人という人がベジタリアンであり、先祖代々普通にそういう家系が多いが、健康に特に異常があるという報告はない。またインド人が世界で一番免疫力が強いという見解もある。どんな食生活をするかは自分の体質を考えればよいと思うが、栄養が即健康につながるというわけではないと私は思っている。

現代栄養学では栄養不足になると免疫力が落ちるのでタンパク質を摂らないといけないというが、実は細胞は飢えたときにこそ活性化するといわれている。昔の飢えた時代に栄養不足でありながらたくさんの子どもを産んだという人類の繁殖の歴史を見ればわかるだろう。現代人が子どもをあまり産まなくなった背景にはいろいろな要因が挙げられるだろうが、食事の内容や量から来ているものも大きいと思う。

自然界に目を向けると、動物や鳥などの生き物は食事にありつけないことがあるが、自然と定期的な絶食をしながら普通に生活している。また動物は越冬の睡眠中にがん細胞を修復し、からだをリセットするといわれている。これはときどき食事をしないことで免疫力をつけると考えられているが、断食をするヒントがここにもある。

坐禅断食会

断食で健康になる

自分の意思で期間を決めて食事を断つのが「断食」である。これは宗教的に始まった行で、健全な肉体に健全な魂が宿るという覚醒を目指したものであり、断食の行はからだを清めるために食料不足の時代から行われてきたという長い歴史がある。

最近になって、その断食が急に注目を浴びるようになってきた。ファスティング（断食）という言葉が一般的になってきて、さまざまなスタイルの断食が雑誌や書籍で紹介されている。

つまり現代の断食は行としてではなく、健康やダイエットのために行われている。通常は三日から一週間。長くなると一週間単位で延長され、ほぼ三週間までである。二十五日を超えると断食後の回復食が難しくなり、長期的に体調が戻らないことが多くあるからだ。しかし、少しの栄養を摂りながら長期の断食をすることでアトピーやアレルギーの根本的解決につながる効果もある。

その他、特殊な断食として、一ヵ月を超えるものがあり、これは坐禅や瞑想の達人でないと一般にはできない。インドでは二千五百年前から主にジャイナ教の空衣派《くうえは》などが修行のために行っている。私もインドに滞在中、ジャイナ教の僧の七十五日の断食を見たことがある。そのときに九十日と九十五日の断食をする僧の話を聞いたが、方法はいずれも水だけを摂る坐禅での断食だった。

私は接心行など仏教の行として断食を行ってきたが、インドでの断食も体験していたことから、深い呼吸を入れた坐禅が断食の効果を高めることを実感していた。坐禅の効用を先に述べたが、その坐禅を取り入れた断食会を三十年以上にわたって定期的に開催している。参加される方が、体調の改善やダイエット、精神的な問題の解消、アレルギーの改善など、いろいろな目的を持って来られたこともあって、科学的なことも考えながら安全に行おうと思った。断食指導者育成のための会も開催し、今では全国で十人の坐禅断食指導者が育って活動している。

医師から教わった断食療法

治療としての断食は、今は亡き甲田光雄医師から教えていただいた。甲田先生は医者として唯一悟っていた方で、医学的治療が修行と同形態のものであるということを初めて見せてくれた。つまり治療としての断食である。甲田修行法と呼んでもよい。その核にあるものは「生《なま》」食である。生の野菜と生の玄米粉、または発芽玄米粉か水でふやかした生の玄米を食べ、最大の細胞活性をはかる。そして、皮膚を鍛えるための刺激と腸のための運動、自律神経の訓練法などをあわせてやる。ここに甲田先生独自の診断法が入る。患者の手のひらを診て、神経シナプスの伝達をみる。それにより患部の状態が詳しくわかるらしく、ほとんどがＭＲＩの診断と異なることはなかった。それればかりか、診断漏れしたものを指摘し、今後発症するであろう部位や症状も予測された。

私の関係者では八人が甲田式の断食を行い、全員が不治の病を持っていたが、一人を除いて全員が回復した。有名な方は難病の脊髄小脳変性症を克服した森美智代さん。

今でも一日一杯の青汁と酵素だけで生活をしている。印象的だったのは、甲田療法を受けた患者さんたちが、病気が治ったというばかりでなく、毎日に達成感があり、怒らなくなったり、不安感がなくなったりなど、心が以前と違ってきたということだった。

行としての断食、そして甲田先生の断食治療を間近に見てきてわかったのは、人間の健康のカギは腸が握っているということ。そして、現代人は思考に偏りすぎていて、腸にストレスをかけているということだった。

現代人は何でも頭優先で物事を進めようとするので、からだにそのしわ寄せが来ている。とりわけ生命を維持するための食事もからだが求めているものではなく頭が求めているものを摂っている。その結果、最も負担がかかるのが内臓である。食べ物が豊富にある分、消化吸収能力を上回るペースでどんどん食べ物が送り込まれてくるので、腸が消化不良を起こし、体内に毒素を撒き散らすことになる。現代にがんやストレスが多いのは、このせいだと私は考えている。

宿便取り

断食には、食を断つことによって腸が活性化して蠕動運動が活発になり、その結果自らの力で宿便を出すという作用がある。つまり、宿便出しを目的の一つにしている。

西洋医学的には宿便の存在は否定されているが、アメリカのアレルギー専門研究機関では、宿便は「小腸の悪玉菌粘液及びそれが膜になったもの」と定義し、研究調査をしている。小腸の過剰な粘液は消化不良を起こし、血流の低下の原因になり、免疫力が落ちて、アレルギー、喘息、自律神経失調症、がんなどの病気の原因となっているとも。またストレスを溜め込むことでうつの要因にもなっている。

現代人の小腸の粘液量が増えている主な原因は、食べ物に含まれる防腐剤などの食品添加物にあるとみている。これらを過剰に摂取していると、小腸は粘液を出してからだを守ろうとする。甲田先生は「宿便は二キロある」と言われたが、当の研究機関では現代人の過剰な小腸粘液は平均四キロと測定した。つまり、宿便は栄養の吸収を妨げ、小腸の動きを鈍らせ、全身の血流を悪くするからだの邪魔者ととらえることができる。これらを体内から排出できれば健康を害している原因を一掃できることになり、実際、西洋医学でも原因不明とされた病気が改善するケースが相次いでいる。ただ、アメリカでは絶食して下剤で滞留物を流し、その後に乳酸菌を腸に入れる方法がとられており、これでは腸の力は復活しない。肉体の健康を取り戻し、からだを変革させるためには、自分自身の肉体の力で腸を復活させる必要がある。それははるか昔から自然の力で行っていたインドのやり方、坐禅を組んでの断食である。

甲田医師は、断食で宿便が早く出るのはからだの神経作用の働きが小腸を動かすからだと言われた。神経の伝達というのは電気信号によるものだが、坐禅での呼吸法がその電気信号を生み、結果小腸の蠕動運動が活発になり、宿便を排出するという仕組みである。つまり、脳の働きも含めてからだの中の神経作用は全部電気信号の伝達で行われているというのが明らかである。また最近の研究で、坐禅に断食を組み合わせることで宿便の排出効果がさらに高まることもわかってきた。

断食のメカニズム

人間は、食べ物から栄養素を取り入れ、それをエネルギーや生命の維持に必要な物質に変えて生活を営んでいる。糖質（炭水化物）やタンパク質、脂質の三大栄養素は体内で分解されて、からだに必要なエネルギーとして吸収される。

ここで断食をすることでからだにどういうことが起こるか。栄養素が入って来ないので代謝のプロセスが変わり、からだにすでにあるものを使うようになる。つまりからだが断食モードになって代謝の方法を変える。

まず血液中や肝臓に蓄えられた糖（グリコーゲン）を利用してエネルギーを作るが、そのまま長時間経過すると、蓄えられた糖も完全に消費されるので、次に脂肪を分解するようになる。このときに「ケトン体」という代謝物質が発生し、血液の循環に乗って脳や筋肉へと分配され、最終的にエネルギー源として使われる。これをケトン体代謝というが、細胞がこの代謝を始めると中性脂肪が減るばかりでなく、がん細胞が減るなど、細胞レベルでからだによい変化が起こる。つまり断食というのは、一種の飢餓状態になることでからだの中のさまざまな機能を進歩させる働きがある。その結果、からだの免疫の働きが最大となり、多少の菌には侵されにくい状態になる。遺伝子研究の第一人者、村上和雄先生から直接伺ったことであるが、細胞は飢餓状態で一番活性化し、遺伝子のオン、オフも飢餓状態で一番スイッチが入りやすいという。

最近、断食による脳への影響もさまざまな調査機関によって明らかにされている。脳科学では、脳の主栄養分である糖分を抑えると一時的に能力が落ちるが、しばらくして脳シナプスが活性化し、判断に迷いがなくなるという。つまり、脳は通常の栄養が入って来ないと、それを神経全体に伝達し、その伝達作用が脳の機能と作業能力を向上させる。脳が飢えると他の栄養素を引っ張り出すが、引っ張り出すときに神経を使うわけだが、逆も真なりで、食べ物をたくさん食べると神経は鈍るのである。

また、断食によって当然からだは痩せてくるが、神経作用は活性化されて、体温は三七度位を維持し、深部体温、皮膚温ともに通常より高くなる。これは断食とともに呼吸法をすることで血の循環がよくなり、毛細血管の先端までよく血が通っていることの証しである。通常痩せていると不整脈になりがちだが、断食では神経作用は活性化されて、心音も強く、よく安定している。さらに呼吸法は頭の中で何も考えないようにするために行うので、その結果、自律神経を非常によく整える。

不思議なのは、ほとんど坐っているにもかかわらず足の筋力はあまり衰えたりすることはなく、終わった後にすっと立ち上がって歩くことができる。察するに、これも血流がよいせいであろう。

繰り返しになるが、坐禅に熟達してくると、禅でいう「無」になることができ、大脳の活動が休まることになる。すると大脳はカロリーを消費しないので、あまり食べなくてもよい状態になる。そして、お腹で深い呼吸をするので、自律神経が整えられ、腸に刺激を与え、その結果宿便が排出されやすくなる。逆に言うと、断食をすれば脳に回る栄養が少なくなり、余計なことは考えられなくなるので、坐禅と断食は相補的な関係にある。

私は断食を始めて三十三年になるが、もうだいぶ前から断食をしなくても少食で坐禅をするだけで宿便が出るようになった。宿便を出すためには断食が必須条件とされていたが、交感神経と副交感神経が同時に上がる坐禅をすれば宿便が出るということで、これが理想的なのだろう。

現在アメリカや日本で行われている断食では、気功やヨガなどのボディワークを取り入れているところはあるが、呼吸法はほとんどない。断食中はリラックスして過ごすというものが一般的のようだが、効果や作用を考えると非常にもったいない。食事をしないため時間はたっぷりあるから、何をしていても頭にはありとあらゆる食べ物が浮かんでくる。空腹のときに考えたことは潜在意識に刻まれやすく、浮かんだ食べ物が刻まれてしまう。断食が終わるとその食べ物が食べたいとなるから、リバウンドとして食欲がムクムクと出現してくるだろう。無性に食べたくなる症状が起こり、最大の失敗例に、食べ過ぎて死に至ることさえある。断食中の坐禅は頭を空にするのでそのような事態を避けるためにもとても適している。

坐禅では警策《けいさく》という細長い板で、坐っている人の背骨の両脇をピシッと打つが、背骨の両脇は脳との伝達経路になっており、打たれることで神経の伝達が刺激され、からだのバランスがとれていく。また断食も終わりの頃になると食べ物の匂いを感じて腸がグルグル動き出して唾液も出てくる。これはとてもいい断食の仕上がりといえる。

断食中の禁忌

私は断食中の読書や携帯電話の使用を禁止している。

思考は目に表れるというぐらい、考えることで眼球が動く。そこで坐禅のときは目を動かさない訓練を意図的にしている。

現代で目が疲れて思考を生み出す元といえばスマホである。スマホは手元でいつでもできるようになっているから、ちょっとでも空いた時間があれば、食事中でさえ忙しく目をやってしまう。さらにゲームをやるとなるともうスマホ依存症である。つまり、現代人は一日中思考を止めないで目を使っている。

この状況を自律神経測定器で測定するとどうなるか。刺激に反応する交感神経が過剰に動き、身心をリラックスさせる副交感神経の働きが鈍っていることが測定できる。これは脳内神経のシナプスの伝達が遅くなり、考えても考えてもすぐに判断できない状態になっているということ。何より感情的になりやすくなり、記憶、特に悪い記憶ばかりが何度もよみがえってきてしまう。同じことを三度も考えたら、もうそれはトラウマとなって心の奥底に残ることになるだろう。そうなると、からだはこういったストレスを受けまいとするから、神経伝達機能が落ち、これに従って毛細血管が先端部で萎縮していく。その結果、からだ全体の血流が悪くなって体温は低下し、免疫力の低下が起こる。

テレビ、ゲーム機、パソコンでの仕事もそれに準ずると考えたほうがよい。しかし、現代では電波塔の立っていない地域は少なく、スマホを使わないで生活している人を探すのは難しい。この先はますますそうなっていくだろうし、スマホ携帯人口八十億が達成されるのは目前であろう。となると、目を酷使せずにからだを使って血流と神経伝達をよくする方法が必須になる。そういった意味でも断食は現代におけるからだのリセットとしても最善な方法ではないかと思う。

明けの食事

私が主催している断食会は二泊三日で、断食中は二十五分の坐禅を十五回行い、最終日は坐禅を早朝から数回して、明けの食事に入る。つまり宿便出しのプロセスに入る。

断食明けの食事は一般的には重湯《おもゆ》がほとんどなので、私の断食会の明けの食事を初めて見る人は誰もが驚いてしまう。まるでコース料理のように目にも鮮やかな食べ物がたくさん出てくる。これはインドで覚えたものだが、量も多いのでまず目で満足するというのがある。重湯では飢餓感が残ってリバウンドの恐れがあるが、この料理を完食するとなると意外と苦しいくらいで、精神的にも物理的にも満足感がある。

ゆでた大根と梅干しで作る梅湯《ばいとう》、生の野菜が数種類出るが、これは腸管の掃除になる。梅の酸が宿便を浮かし、野菜の繊維がそれをからめて出していく。そのため、坐禅のおかげもあるが三日という短い期間でほとんどの人が宿便を出すことができる。宿便が出た後は、ヨーグルトと果物（バナナ）で腸の動きを落ち着かせて食事が終わる。一般の一週間の断食で宿便が出る比率は参加者の五分の一だが、この短期間の坐禅断食では、ほぼ全員の宿便を出すことを可能にしている。

断食で覚醒する

坐禅断食に参加する方の目的は、ほとんどが体調の改善だったり、病気治しだったったり、からだのことであるが、そういう目的で来られても結果的に内面が覚醒する人がいる。

坐禅断食をやってお坊さんになってしまった人が何人かいる。からだの改善があったのはいうまでもないのだが、意識が著しく変化したのが大きかった。

その方は大企業の社長で、からだのメンテナンスのために参加された。忙しいのが日常であったが、逆にじっとしているのが苦手で、坐禅や瞑想といったものはそれまでされたことはなかった。最初は、周りに人がいるので我慢して最後までやり通せた

坐禅断食会の最終日の朝にいただく「明けの食事」

自分に喜びがあったと言う。それ以降、何回か参加されて、ある日無になるという体験があったようである。それ以後、坐禅が好きになって、ついに仕事を辞めてしまい、お坊さんになって坐禅をマスターしたいと言われた。そして、七十歳を過ぎて臨済宗の修行道場に行かれ、若

い人にしか勤まらない生活を一年かけて体験された。お坊さんになるには修行だけではなく、お経も覚えないといけないし肉体的な重労働もある。その年齢での修行はきつかっただろうが、からだを痛めながらも勤め上げたのである。そしてお坊さんになり、断食の指導研修もマスターして少人数の断食会を開催できるまでになられた。以前の社長業よりも人のためになる思いがすると達成感を語られていた。残念なことにがんに罹って八十歳で亡くなられたが、後悔なく逝かれた。

五観の偈

禅宗のお寺では、食事の前に『五観の偈』を唱える。食事も修行の一つとして捉えるのが日本の禅宗である。私は先に「非食」という行を始めてみようと言ったが、同じような考えである。食事の前にこの『五観の偈』を唱えることで、食とは何かを改めて考えていただきたい。

一つには、功《こう》の多少《たしょう》を計《はか》り、彼《か》の来処《らいしょ》を量《はか》る
二つには、己《おのれ》が徳行《とくぎょう》の全闕《ぜんけつ》を忖《はか》って供《く》に応《おう》ず
三つには、心《しん》を防《ふせ》ぎ、過貪等《とがとんとう》を離《はな》るるを宗《しゅう》とす
四つには、正《まさ》に良薬《りょうやく》を事《こと》とするは形枯《ぎょうこ》を療《りょう》ぜんが為《ため》なり
五つには、成道《じょうどう》の為《ため》の故《ゆえ》に、今《いま》この食《じき》を受《う》くべし

一つには、功の多少を計り、彼の来処を量る

食事をいただくときに、その食べ物がどのように作られてここに運ばれてきたのかを考えてみる。作られて目の前に運ばれてくるまでの人の愛や手間に思いを致して、無駄にすることがないように食することとの大切さを説いている。

本来は生産者の苦労を思い、感謝するということだろうが、残念ながら、現代の食べ物は必ずしも愛を込めて作られたものばかりとは限らない。農薬や添加物が使用され、ややもすると作り手が自分では食べないような食品が溢れている。本当に愛ある食べ物を見つけ出すことが難しくなっているが、食品そのものの是非について考えなければならないのは現代の悲劇でもある。

二つには、己が徳行の全闕を忖って供に応ず

もともとお坊さんは食べ物を他人からもらうことが前提になっていて、これは食事をもらえるような徳を今日一日積んだか、食事の前に、食事と食事の合間に自分が何

をしてきたかを考えて、食していいかどうかを考えてみるということ。

お腹が減ったから食べるというだけでは、動物と変わりない。人として食べるのなら、それに応じた人としての働きをしよう、というのがこの文の趣旨だと考えている。

三つには、心を防ぎ、過貪等を離るるを宗とす

食欲は欲望の最たるものといわれており、欲望から過ちを起こさないように、食欲を抑え、貪《むさぼ》りから離れる心の訓練を行うということ。

現代の食事は食欲という欲望が喚起されるような仕組みになっている。欲望のために食べてからだのために食べていない。からだの声をよく聴いて食べることが必要であり、素材の味が生かされたものをよく嚙んでゆっくり食べる。こうして少食にすれば貪りの欲望は起こらなくなってくる。

四つには、正に良薬を事とするは形枯を療ぜんが為なり

禅宗では、食べ物は薬であると考えられている。良薬でもある食事をいただくのは、

枯れて死んでしまわないためのものであるということ。

良薬を口にするように、よいものを少量いただく。肉体の健康を保ち、心によい変化をもたらす食事をすることが大切な時代になっている。

五つには、成道の為の故に、今この食を受くべし

食事をいただくことは悟るためである、という最後の宣誓文。

人生とは生まれてから死ぬまでを指すのかもしれないが、仏教的に言うと、遠い昔の過去世からはるか先の未来世までずっと続いている。私たちはその長い人生のなかで悟るために生きている、食べているという意味である。

その果てしない長い時間を生きるということは、「今、このとき」を生きることにほかならない。どれだけ長い人生でも「今、ここ」よりほかに生きるときはないのだ。この「今、ここ」を支えるために必要なもの、それが食事である。食べているときは、他のことに思い煩わされることなく、食べることに集中できよう。食事のときこそ「今、ここ」を思う機会であり、食べるということは悟ることへの道である。

第六章

からだで悟る

なぜ厳しい修行をするのか

接心

どんな宗教にも修行がある。どの修行も辛く、多くは死と隣り合わせの危険なものもある。それでも何千年と続き、今でも存在している。

一般の人は、なぜそんなことをするのか理解できないだろう。精神を鍛えるためと解釈される方は多い。だが、ここにからだの秘密がある。やった人でないとわからない「からだの秘密」。

接心、正しくは臘八《ろうはち》接心という禅宗の行事がある。これは、仏陀がインドのウルヴェーラー地方のセーナー村で食を断ち、その後、アッサッタ樹（のちの菩提樹）の下で八日間昼夜寝ずに坐り、悟りを開かれたのを真似したもので、日本では禅宗の僧堂を中心に年に数回、特に十二月の一日から八日まで坐禅三昧する。ただ坐禅三昧といっても、大抵の僧堂では三度以上の食事がつき、休憩時間や就寝時間がある。

過去、禅宗では指導者になるような人は独接心《どくぜっしん》としてお寺から出て、祠《ほこら》や洞窟に入り、一人坐って悟りを求めたりしていた。仏陀がしたように一人で坐禅三昧に入るのだが、これがなかなか大変である。一人でするのは自由な反面、睡眠や食事などを律してするとなると坐禅が好きなだけではできるものではない。

私も毎年十二月に一人で山の中の小屋や祠でしてきたが、もう三十数回になるだろうか。最初の十数年は断食をしながらの接心だった。とにかく坐る時間が長いので気持ちがめげてしまわないように、またテンションを保つために瞑想、坐禅、お経、マントラを繰り返すようにした。ただ真冬の断食はからだに堪《こた》え、体重が一週間で十キロも落ちてしまうこともあり、少し食べるようにした。それでも内容がきついせいか、集団での接心では起きない幻覚が起こる。

ろうそくが緑に光ったり、仏様が青く光ったり……毎年そんなことが起きた。山の中なのに一晩中複数の人間の話し声が聴こえる幻聴も一度あった。いずれにしてもこういった幻覚や幻聴が起こるのは接心が終わる最後の二日ぐらいである。そうなると眠気は起こらず、幻覚が出ないように一晩中マントラかお経を唱えて過ごすことになる。お経だと『延命十句観音経』か『般若心経』、マントラだとチベットの金剛薩埵《こんごうさった》の長いマントラがよかった。短い文句だとからだがリズムをとって揺れてくるので具合があまりよくない。最初に唱える回数を決める。『般若心経』だと千回、『延命十句観音経』または金剛薩埵のマントラだと一万回を目指す。いずれも丸一日、二十数時間はかかる。初日と最終日には滝行をして終わりとするのが習慣である。

接心が終わると神経が研ぎ澄まされていろいろなコントロールができるようになる。聞きたい音や声が聞け、聞きたくないものはシャットアウトできる。例えば、家の隣にある八角堂は道路に面していて後ろに水路が通っているのだが、ここで坐禅をすると、車の騒音は耳に入らず、水の流れる音しか聞こえない。そして、何よりも直感がよく働くようになっている。

からだの感覚を育成する

比叡山の修行に「南無阿弥陀仏」と称《とな》えながら、お堂の中を一日二十一時間歩き続ける常行三昧《じょうぎょうざんまい》という修行がある。食事の時間を除くと、寝るのは一時間か二時間。それも一メートル四方の木枠に縄の網を張っただけの中で寝る。それを九十日間続ける。宗教者のやることだから、なんの疑問も湧かないだろうが、よく考えると無意味な行動に見えるかもしれない。精神を鍛えているのだろうと思うのが関の山だ。

さて、この修行をするとどうなるか。

だんだん頭が働かなくなって、そのうち目の前に阿弥陀様が出てくる。幻覚だから打ち消す。するとまた出てくる。打ち消す。出てくる。何度も繰り返しているうちに、パッと自分のお腹の中に阿弥陀様が入ってくる。実際「入ってくる」体感があるので、幻覚ではないとなる。これが、からだが覚えるということである。

からだのこの不思議から、同じことをやれば誰がやっても同じような経験になるというので、比叡山のこの修行はその体験をするためのものとなっている。

さて阿弥陀仏が「入ってくる」とどうなるか。

超感覚的な能力が備わってくる。これを「超能力」という人もいるだろうが、縄文人や昔の人は備わっていたであろう無意識の力だ。危険察知能力ともいえるだろう。

自分を安全な方向に導いて、自分の命を守ることができる。

滝行でも同じようなことがいえる。特に極寒の季節にする滝行は相当辛いのではと誰もが思う。確かに最初に水に入るときは水の冷たさに震えそうになるが、気合いを入れて入ってしまうと意外に寒くない。毛穴が一瞬で閉じて、からだの熱が内部にこもるようになるので、むしろ温かくさえ感じてくる。これは一種の快感といえるが、この快感を味わいながら滝行を続けていくと、普段とは違った能力が出てくる。

前述にあるが、滝行の最中に「右に動け」という声が聞こえた。右に動いたとたん、すぐ脇に大きな石が落ちてきて、事故にならずに済んだ。これは私ばかりでなく、滝行を極めた人は多かれ少なかれ似たような体験があると思う。

修行というのは宗教的な真実をズバリ「からだ」で理解するということにほかならない。からだでわかる、つまりからだに覚えさせるということになる。観音様や仏様がからだに入ってくるのをリアルに体感する、自然界からの声を聴く、直感力を発揮する、からだがその不思議を認識する。つまり修行は、過去に人間が持っていたこういった素晴らしい能力を取り戻すのに向いている。しかも、それほど激しい修行をしなくても、正しい方法を知ってコツコツ続ければ思いがけない結果を出すことも十分に可能だろう。何千年も前からずっと行われてきた修行というのは、きちんと行えば不思議に同じような結果が得られる。頭でわかるのではなく、からだに覚えさせるということだ。

からだで覚えたものは生涯忘れない。修行はどれも過酷だが、過酷であること自体に意味はない。確かに過酷な反復があることで思考が止み、からだに備わる超感覚が培われるだろう。それは、ある高みに達した人間だけが味わえる共通体験を得るためでもあるが、ただ単にからだの感覚がしっかりと育成されるためのものであると思う。

人はどうしても怠け癖が直らない。自分でも嫌になってしまうが、改められないというのは頭でわかっていてもからだが嫌がっているからだ。それならば、からだに「怠けないほうが快適だ」ということを覚えさせればいい。宗教者の修行を一般人が取り入れることで、こういう目的が達成される。ただ、宗教の修行は実効性が高いだけに、我流でやると危険な場合があるので、体験者の指導を受けたほうがよい。

「繰り返し」の効用

五体投地もそうだが、修行の多くは「繰り返し」であり、これが重要なポイントである。理由がわからなくてもただただ繰り返してやってみる。ここに大きな意味がある。

私は五体投地行を始めたとき、最初はマントラをきちんと唱えていた。「ナモスシリエ」、「ナモマンズシリエ」、「ナモウタマシリエ」、最後に「ソーワ」。ところが慣れていくうちに、からだの動きはどんどん速くなっていき、一定のリズミカルな速度になると、発声はその動きに追いつけず、マントラの印象だけでからだの自然な動きにまかせた。呼吸は、「吐く、吸う」をからだの動きに合わせて繰り返すのだが、呼吸がからだの動きとピッタリ合ってくると一定のリズムが生まれる。このリズムでの繰り返しが大事であり、よい呼吸法となり、空の境地に入っていくことができる。

仏教にはマントラ行といって、お経やマントラを何度も繰り返して唱える行があるが、繰り返すことでマントラがからだに刻まれていく。

特にお経やマントラを発声するとなると、それを聴くのは自分であり、そしてもう一人の自分、聴いている肉体がある。ここで発声する人と聴いている人は違う、という感覚を持つことができる。つまり、これは自分が発声したマントラやお経が肉体の自分にもたらす新しい効果である。最初はなかなかそういう感覚にはならないだろうが、続けているとだんだんそうなってくるのがわかり、肉体としての自分の存在を感じられるようになる。

次の段階では発声した言葉が繰り返しによって身につき、からだはそれを記憶しているので、声にならなくてもイメージしただけでからだが発声したのと同じになる。

チベットでは「オンマニベメフン」を十万回唱えると悟るといわれている。日本でいう「ナムアミダブツ」や「ナムミョウホウレンゲキョウ」を唱えるようなものだが、理屈は一切なく、ただ繰り返すことが重要なのだ。オンマニベメフンを十万回唱えるには、一息に五回唱えるとして一日五時間で約百日かかる。

さて、繰り返すとどうなるか。

からだが動き出す。頭ではわからないのだが、からだが動いて何かを伝えるようになる。そして、あるときスイッチがポンと入る。そして突然「わかった！」となる。これもまた直感力である。問題はいつそのスイッチが入るかだ。すると、入るまでその繰り返しを続けられるかということになる。

実は、この「繰り返し」の効用は宗教的なことに限らず、何かを習得するときと同じものだ。どんなスポーツにおいても、ひたすら繰り返すことでコツを体得できる。頭でなく、からだに覚えさせるという方法である。

直感力とは文字通りまっすぐ感じる力のことをいう。ストレートに感じる力を使って、より自然体で楽に生きられるようになる。すると、私は気楽に生きるために好んで辛いことをやっているということになるのだろう。でもこれは無駄なことではない。そういった感覚はからだが覚えていて、死ぬ際に役に立つと思っている。まず死ぬ恐怖感がなくなる。また死ぬときにはなんらかの苦しさや辛さが生じるものだが、そういうものに対して耐える力も出てくる。まして感覚が研ぎ澄まされていけば、周りの小さな生き物に感謝し、日々内なる感動と幸福感で毎日を暮らせるようになるだろう。その効用は高い。

瞑想三昧

この世のすべてが自分と一つになる

人間は自己意識が強いので、どうしても自分のことや周りのことを考えてしまい、そこから出られない。あれこれと思い煩い、自分のことを客観的に考えられないので正しい選択ができなくなる。こうした雑多な思いや思考から切り離すために、インドでは瞑想三昧が考えられた。何もしないで一つのことに集中するという行である。

「ヨガ」の本当の意味は瞑想である。今ではヨガは健康法として世界に広まったが、数あるヨガのポーズは瞑想をうまく行えるようにするための手段であり集中させるためのものだった。そのためにはからだを使うことが重要だったのである。

ヨガのポーズはお釈迦様が生まれた二千五百年前からすでにあった。基本は坐って足を立てて胸の前で交差させ、両手は手のひらを上にして膝の前で開き、ポーズをとって目をつむり、瞑想に入る。ヨガは自己を解放させて神のビジョンが表れるまで集中していく。この世のすべてと自分が一つになるという観念のなかで坐っているのがヨガだ。

その究極に、日の出から夕暮れまで太陽に向かって坐るという行がある。インドでこれをしたら日射病で倒れてしまうだろうが、彼らはそうならない。合掌して神の名を称え続けるのだが、こうすることで集中し、つまり瞑想状態になり、暑さも時間も感じなくなる。一時間も一日もほぼ同じになり、瞑想三昧に入ることができる。

針を作る

私は五体投地行を繰り返すなかで、何度か独特の達成感を味わったが、基本的に人は日常で瞑想三昧の境地に入ることができる。

リゾン寺で修行をし始めた頃のことだが、行というより作務のなかでその瞑想三昧を体験した。ここではすべてが自給自足で賄われ、縄文時代の生活がそのまま続いているような暮らしだった。羊を飼っていて、その羊の毛を梳《す》き、糸に撚《よ》って布を織る。

その布で僧衣を作るのだが、縫うための針は買わずに自分たちでこしらえるという作業があった。

十センチくらいに切ったハガネを二本用意する。次に硬い鉄を含んだ黒くて重い石を見つけてきて、それをハガネに擦りつけて潰し、だんだん針の形にしていく。気の遠くなるような作業だが、それをマントラやお経を唱えながらやっていく。新米の私は「ガテーガテーパラガテー」と『般若心経』の最後の部分を繰り返し唱えながら延々と手を動かし続けていた。

二本のハガネが糸状に長く伸びたら、今度は頭になる部分を叩いて薄く平べったくする。そこにもう一本の針の先端を当てて穴を開ける。平べったいところをへこませ、グリグリしたり、突いたりして針の穴を作るのだが、これがなかなか難しく容易に開かない。ハガネから作り始めて一本に穴が開くまで一週間はかかるだろうか。太陽を正面に見ながら、朝から始めて夕暮れまでやっていると、なんでこんなバカみたいなことをやっているのかという気になってくる。ところが不思議なもので、何日も続けていると頭がものを考えなくなっていて、マントラやお経を口ずさむ声と手の動きだけの世界に入っていた。瞑想三昧を知ることになった。

そしてついに穴が開く。一週間かけて作業を続けてきて初めて穴が開いた瞬間、私は「あっ」と思った。何かが自分のからだを突き抜けた。ずっと立ち塞がっていた壁が壊れて、向こうが見えた気がした。

思い出してみると、初めの頃は嫌だなとずっと思っていた。ところが、続けていたらだんだんそういう意識が薄れていき、いつしか夢中になっていたのである。この夢中になるというのは無我の境地にいるようなもので、これも一種の悟りの境地なのかもしれない。そして私はそのとき何かがわかったような気がした。言葉では表現できない、からだからくるものだった。

やりながら三昧

私の住んでいる信州では、できるだけ昔の生活をして高い精神的レベルに達したいという方々に出会うことがある。

お会いしたことはないが、佐伯さんという方もその一人で、道端に落ちていた石で一ヵ月かけて石臼を作られるそうである。効率よくやっていくのではなく、コツコツと丹念に彫っていき、頭を空っぽにしてただただ手の作業の中に入っていくという「やりながら三昧」である。こうして「無」になっていくことが三昧であり、佐伯さんの石臼作りは確かな瞑想になっていた。僧侶でなくても、何か一生懸命努力をしていると、パッと開けるときがきて、悟ることができる。

こういう経験を積むことで誰にでもわかる変化がある。それは顔つきや表情が変わることだ。自分では気づかないが、他人がみるとわかる。いい顔になっている。

私がした針作り、佐伯さんがした石臼作り、「なんでこんなことを」と思いつつ、やり通す。「なるほど」と納得できる体験をすると、人の顔つきは変わる。そして、こういう体験をできるだけ多くすることでからだは目覚めていくのだろう。

やりながら三昧とは違うが、人は少なからず肉体の適応性を認識することがあると思う。寒さや暑さに慣れる、力仕事に慣れる、という。そして大袈裟かもしれないが、からだが変わることで自分の人生が開かれることもある。

私がリゾン寺に着いたばかりの頃であるが、このときに課せられた労役は想像を絶するほど辛いものだった。到着し、五日目にしてようやく外来者用の部屋で寝ることを許されたものの、その代わりに薪作り、水汲みなどの仕事をしなければならなかった。高度四千メートルという空気が希薄な地での水汲みは特に辛くて苦しい。銅瓶《どうがめ》を背負って三キロ下の谷川まで汲みに行き、水の入った三十キロの瓶を背負って登って帰る。丸一日かけて五回往復するのだが、肺も心臓も悲鳴を上げた。私は本気で倒れると思ったが、それがどうだろう、三ヵ月ほど過ぎたら午前中に五回の水汲みを終えていた。筋肉がついたのは当然だが、肺も心臓も高地での労役に十分耐えられるほど強くなっていた。肉体の適応力のすごさに驚いたのだが、私のからだの中で何かが変わったような気がした。いつの間にか、周囲の人間の態度も変わっていた。みんなが親切になり、文字の読み書きやお経の読み方を教えてくれた。仕事を人並みにできるようになったことで一人前として見てもらえたのだろうが、そればかりではないように感じた。顔つきや体つきはもちろんのこと、私の内面まで変わったように思う。

箒で悟る

私は掃除道というものを知った。

松島の瑞巌寺《ずいがんじ》にある僧侶がおられて、資格を取るために修行に来た新入りの修行僧の世話をされていた。長く修行されている方なので坐禅には参加せず、みなが坐禅している間に禅堂の周りを竹箒で掃き続けていた。坐禅中に姿はなくてもシャッシャッという音が聞こえるのだが、その音を聞いていると、足の痛いのを忘れ、呼吸は整い、寒さを忘れ、イライラせず、蚊が止まっていても忘れてしまう。掃除のための掃除をしているかのように思えた。だが、誰も彼の掃除の姿は見ていない。

あるとき、私は彼の姿を見てみたいと思い、坐禅をサボって遠くから見ることにした。

箒が落ち葉を掃いているのではなく、落ち葉が箒に集まってくる。彼は一点しか見ていないのだが、一メートル以上離れた落ち葉が箒にスッと集まってくる。

すごいなあ。彼は掃除で悟っているのだとわかった。この人がいれば、瑞巌寺の先は明るいなと思った。どのくらいかけてこういう掃除ができるようになったのかと訊いてみたら、七年かかったと言われた。七年目のある日、暗いときにスッと掃いたら掃けたと。無になったからだと箒が一体になってできることなのだろう。

悟るメカニズム

音で覚醒する

お坊さんが悟った話にはことごとく音で覚醒したというものが多い。修行などで極限の状態になったとき、普通では聴こえない小さい音が拾えたり、好きな音が拾えたり、一瞬の音で悟りを得ることがよくある。

仏陀は、瞑想中にすぐそばで落雷があり、牛が当たって死んだのだが、その落雷の音にも気づかず、そのまま瞑想三昧にいた。吉野の柳澤眞悟師も阪神大震災の折、お堂で読経の最中だったが、気がつかなかったという。お堂から出たら建物の一部が壊れていたそうである。

自然農法の福岡正信氏が最も尊敬する僧と言っていた雲居《うんご》禅師（松島・瑞巌寺の中興開山の師、一五八二〜一六五九年）は、洞窟で風の音を聞きながら一人坐禅をしているとき、松の木が折れて枝がバサッと落ちた音で悟った。中国・唐時代の香厳《きょうげん》禅師（?〜八九八年）は掃き掃除をしていたときに小石が飛んで竹に当たり、カチンと鳴った音で悟った。白隠禅師（一六八六〜一七六九年）は、夜を徹しての坐禅中に遠くから鳴り響いてきた鐘の音で悟った。一休禅師（一三九四〜一四八一年）の悟りのきっかけはカラスの鳴き声だった。いずれも聴覚が変わって悟りを得ている。

比叡山で修行中の僧侶に起こった話も興味深い。お堂の外で信者たちが大きな声でお経を唱えているのだが、その声より線香の灰の落ちる音が崖崩れのように聴こえたという。

昔、私が新潟にいたとき、知人の僧侶が病気で断食をしながら亡くなろうとしていた。その人が寝ている部屋の外、少し離れた川の縁で私は付き添っていた医者と小さな声で話していたのだが、部屋に戻ったらその人には私たちの会話が全部聞こえていたことを知った。ありえない話だが、聴覚はそこまで変わるのである。

人が死ぬとき、最後まで残っている感覚が聴覚だといわれている。それだけ音は人にとって重要な契機になりうるのだろう。

悟って聴力がまず変わる。視覚で変わるのは瞑想によるものが多いが、覚醒度は音より劣るだろう。

「悟る」とは脳内において一瞬の神経の反応で起こった意識の変革だと思うが、科学的にどのように考えられるか。

脳の機能は電気信号を発して情報をやりとりする神経細胞のネットワークで成り立つ。そのネットワークをつくるのが神経細胞と神経細胞をつなぐシナプスである。また神経細胞間は二十ナノメートル（一ナノメートルは十億分の一メートル）ほどの隙間が空いているが、電気信号がシナプスを通して伝わっていく。悟るには、脳のシナプスが全部つながって抵抗なく電気信号が伝わる状態になっていることが条件である。そこで音や映像の信号が拡大され、覚醒へのきっかけをつくるのだろう。

最近の科学では、うつというのはシナプスでの神経伝達がうまくいかない状態だとわかっている。神経は電気信号でつながるので、そのときに抵抗があると熱が発し、頭が痛かったり熱くなったりすることがある。逆にスムーズにいくと、情報がよく伝わるので、迷いがない、悩みがない。考えなくても判断ができるという状態になる。

では、脳のシナプスをつなげるにはどうしたらいいか。これは脳の神経を活性化させることだが、それには呼吸法と小腸を動かすことが必要である。

禅堂の生活では食事を整えて呼吸を整えるという方法がいろいろあるが、普通の坐禅会では只管打坐《しかんたざ》や公案《こうあん》を伝えても呼吸法については特に指導していない。対して、チベット密教とインドのもともとの禅のジャイナ教では昔から遅い呼吸をする行があり、呼吸を少なくするのは覚醒するための技だった。さらに、断食は腸を整えるためのものではあるが、遅い呼吸をするための断食というのもあった。どちらも悟りの道への手段である。

自浄其意《じじょうごい》（意識を清める）

私はよく、「清めた自分の意識で判断をしてください」と言う。たとえそれがルールの外であっても、自分に対して嘘をつかず、正義を通すというのが大事だからである。いつもそうしていれば、大きな過ちや戦争は起きるはずがない。よく清めた自分というのが世界平和の極みではないかと思う。

インド独立の父ガンジーは自分独自の健康論を持っていた。彼が著した『ガンジーの健康論』（編集工房ノア）は科学論、医学論といってよいが、菜食や動物実験反対のほかに、予防医学や薬の毒についてまで書いている。ガンジーはチフスとかコレラに罹ると土や水や植物など自然のものだけを使って治していた。治療の途中で病状が悪くなると側近の人たちは大騒ぎするのだが、ガンジーはそれを乗り越えてちゃんと自分のからだを元に戻していた。このような治療ができるのは信念が大きく働いているからだと思う。

その信念も清めた意識があってこそだが、人間はすぐに汚れるので、坐禅なり五体投地なり、行などでときどき清めていくのがよいと思う。努力を積み重ねていると、ある日突然に人間は変わる。人はこの変わることを「悟る」といっている。何かが抜けた感覚になる。悟りとは完全に清まってできるからだの反応といってもいいだろう。お寺での修行も信念を持って行わなければうまくいかない。

第七章

直感力で生きる

からだに訊く

からだは発信する

私が直感力というものに初めて出会ったのは滝行だった。滝に打たれているのはそれほど長い間ではないのだが、その間は完全に頭が真っ白になる。どんなに大変な問題を抱えていても何も考えられない。この何も考えられない状態が頭にとってとてもよい状態なのだろう。滝の流れている大きな音の中で涼やかな鳥の声が聞こえたことがあった。何より、聞こえるはずのない声の指示するままにからだをずらして、滝の上から落ちてくる石を避けることもできた。直感力がついてこのような経験をすると、何かが実在していて我々を助けてくれると思うようにもなる。

直感力は動物的な勘で、これがあると素晴らしい生き方ができると思う。逆に、病気になったり怪我をしたりするのはこの直感力が失われていたからともいえる。からだは必ずメッセージを発信して教えてくるはずで、それに気づかない、あるいは気づけなかったのはからだの声が聞けなかった、つまり直感力がないからだと思う。

直感力と知識の関係

直感力はからだにつく能力で知識の力では養えない。知識に頼って思考するクセがついている人にとって直感力をつけるのはなかなか難しいようだ。

天台宗の葉上照澄師（一九〇三～一九八九年）は東京大学を出てから大学の教授になり、その後岡山で新聞記者になり、敗戦後、四十四歳のときに僧侶になられた。その翌年七年にわたる千日回峰行に入り、五十歳を過ぎての大行満は全国に衝撃を与えた。その成功の裏で、それまで知識に頼ることが多かった分、瞬時に判断する感覚を養うのにとても苦労したようだ。比叡山に初めて行ったときにお会いしたのだが、「知識は修行の邪魔になる」とまで言われた。その後天台座主の山田恵諦師にお会いしたら、知識がありすぎると修行はできないとも言われた。つまり、知識イコール思考になり、修行の邪魔になり、神仏が入ってくる余地がないと。これが勉学の山といわれる比叡山での言葉だった。

毎日未明から山の中を三十キロも歩く千日回峰行は、危険を予知したりキャッチする能力がないとなかなか達成できない。イノシシや蛇に出会ったり、雨が降ったり風が吹いたりで、大自然のなかで何が起こるかわからない。直感力がものをいうのだが、五十歳のからだで大変なことだったと思う。

先達《せんだつ》が言っていた、「昔から世の中に、こんなに書物が出とるのに、人は一向によくならんのう」。ひょっとして知恵などないほうが人はよく生きられるのかもしれない。

勉強したら、それを身につけて、直感で動かせるようにして、後は捨てる、というのが一番いいのだろう。

姫田忠義さんのドキュメンタリー映画から

奥三面の人々

やはり、人間の生き方にとって最後に大事になってくるのはなんといっても直感力である。悟った人はいずれも直感力で判断していく。この人は善い人か悪い人か、どっちの道を進むべきか、自分はこれから何をすべきか、こういったものをインスピレーション、直感で決めていく。よく研ぎ澄まされた自分を信じ、常識や統計に惑わされず、知識をも白紙に戻す。相手の人相や波長で瞬時に判断し、成り行きのなかを瞑想で決めるというようなことである。ここで、心はいつも切り替えられるように「無」になっていないといけない。

自然の中で心を無にし、直感力で生きている人たちがいる。

私の友人であるドキュメンタリー映画監督・姫田忠義さんはそういう人たちを映像に記録した。姫田さんは民俗学者の宮本常一《つねいち》氏から学ばれ、日本各地に残る貴重な民俗文化を取り上げ、百本を超える作品を制作された。その一つ『越後《えちご》奥三面《おくみおもて》　山に生かされた日々』（一九八四年）に大自然の中で直感力だけで生きてきた人たちの姿が描かれている。

新潟県の最北、朝日連峰から流れ出る三面川の上流に奥三面と呼ばれる集落があった。「マタギの村」として知られ、民俗学的にとても貴重な地域だったが、下流の治水のためにダムが建設されて住民は集団移転し、一九八五年に廃村になり、今はない。工事の前に測量調査を行うと大規模な縄文時代の遺跡群が発掘されてニュースになったが、縄文の昔から現代まで完全な自給自足の生活が永続されていたのである。鳥も通わぬような山奥でアイヌ民族やエスキモーを上回る生活を現代までしていたという奇跡のような村の記録が映像に遺された。フィンランドのイヌイットの人たちにこの映画を観てもらったところ、彼らはとても感心して、このようには生きられないと言っていた。

ブナの大木を人力で切り倒し、手斧《ておの》一つで丸木舟を作る。この技を最後まで持っていたのは世界でここの村の人だけだった。そしてこの丸木舟で川を遡《さかのぼ》り、鮭やマスを獲《と》った。

獲った魚を暑い夏の間、冷やして腐らないようにする知恵があった。塩をした魚を藁で納豆のように包み込み、水が一滴も入らないように縄で縛り、浅い川の石の下に沈ませるという保存法である。

また、山の斜面をシカのように歩くことができ、少し前まではクマを竹槍で仕留めることができ、みな、動物の呼吸もわかるという。リスやサルまで食べ、サルの毛皮で手袋や靴下を作ったりもした。ただ無闇に動物を獲るわけではなく子連れの動物は絶対に撃たない。クマを撃ったときはクマの葬儀をした。畑の作物はサルに荒らされることはなく、サルの被害に遭うのはサルとの関わりができていないからだと話していた。

奥三面の人たちはみなそれぞれ直感力をもって暮らしていたが、ダムの建設で海辺の村上市に追いやられてしまうと、みな健康だったのに何人もバタバタと亡くなられていったのは偶然ではないように思う。私は僧侶十人を呼んで先祖とその人たちの供養をしたのだが、なんともいえない思いが残った。一つの貴重な文化が消えたのだ。

粥川の人々

姫田さんの別の映像に『粥川風土記《かいがわふどき》』（二〇〇五年）がある。岐阜県郡上市美並町粥川地区、外見的には何の変わりもない山里だが、ここには私たちのあるべき未来がある。美しい川とともに生き、美しい生活をしている人たちの姿が映されている。粥川は「円空さん」（一六三二〜一六九五年）の生まれた地、ふるさとといわれ、円空村とも呼ばれている。

円空は粥川寺で得度し、その後全国各地で修験道の厳しい修行を極められた。そして、病や災害に苦しむ人々のために念仏を称《とな》えながら生涯に十二万体もの仏像を彫っている。彼もまた悟りの人であり、超人ともいえる。

円空が籠もった洞窟があり、円空はどういう心境でこの洞窟に籠もったのか、私と柳澤眞悟阿闍梨で一緒に洞窟に入って坐り、その心境を実証するということも映画で試みた。これは行者が実際にやることなのだが、円空が洞窟の中のどの場所に坐り、どこに寝て、どのように仏を観想したのかを観るのである。柳澤阿闍梨と私が観たものはまったく同じで、円空の姿と円空が観た仏を観ることができた。

ここは地元の人の強い信仰があり、まさに神も仏もある地で、誰もが川を神の化身としてとらえている。白山を源流とする粥川はとてもきれいで、ゴミは一つもなく、洗剤を流さず、子どもたちは歯磨き粉も使わず、学校でも家でも川を汚すものは誰もいない。川が神様なのだ。

そこには天然のウナギが住んでいて、ウナギは神の化身となっている。当然だが、ここの人たちは先祖代々ウナギを食べたことがない。昔の話だが、よそから天然ウナギを獲りにくる人がいた。村の人たちは村の入り口を塞いで村人総出でその人たちを捕まえ、橋の欄干に縛って警察に届けたという。

この地区は今後もどんなに物質文明が入ってきても一定以上は変わらない地域といえるだろう。ここで出会った人は真言や読経ができる人ばかりで、また仏像を彫る人もいて、とても人格の高い地区だった。

木になる人々

姫田さんは海外の作品も遺している。スペイン・バスク地方を描いた『アマ・ルール　大地の人・バスク』（一九八一年）。アマ・ルールはバスク語で母なる大地という意味だが、ピレネー山脈の西端、フランスとスペインの国境を挟んで広がるバスク人は西ヨーロッパの先住民と考えられている。

そのバスク地方の山中の峰に木が並んで立っているところがあり、渡り鳥が必ず休むところがある。そこでバスクの人は木の横に立って瞑想し、人の気配を消す。そうすると、鳥は人だと気づかずに人間の肩に止まり、彼らはそこで素手で鳥の足をつかんで捕まえる。鳥は捕まえられてもしばらくは気がつかずわからないそうだ。それを真似て姫田さんや日本人スタッフが長く粘って立ってみたのだが、鳥は一羽も寄って来なかった。ここのバスクの人は本当に人間をやめて木になれたという話である。

その姫田さんも直感で生きた人だ。自分の仕事や役割を追求することで、ある種の真理に到達した人だと思う。

ある日の夜中に電話があって、寝ぼけまなこで出てみると姫田さんからだった。興奮した声で「いま北極圏に来ているが、ここで植物の限界の撮影をしていたら、今まで誰もわからなかった生態のコケが自分でなぜここにいるかを語り出したんだ。コケが喋ったんだよ」と言う。

私は、「ふーん、姫田さんがついに悟ったんですよ」と言って、電話を切って眠ってしまったのだが、朝になってとても印象に強く残っていたので、その話を書き留めておいた。

それから数ヵ月して帰国した姫田さんから電話があった。科学誌の『ネイチャー』に新しい発見としてのコケの生態が発表され、それにはコケが姫田さんに喋ったことがそのまま載っていたというものだった。

北極圏に生息する最北限のコケが、なぜそこを選んで生きているのか。コケは非常に弱い植物なので、他の植物に侵食されないその極限地が彼らにとって一番安全に生きていける場所だったという。

これは明らかに姫田さんの体験のほうが科学情報より早く、しかもコケに教えてもらったわけだから真実そのものといえる。やはりコケは喋る。


こういうのも直感力といえるが、科学にも直感力が必要だと言いたい。

宮沢賢治は「宗教も科学であり、科学も宗教である」と言っているが、宗教は単にお祈りをするというより、自己啓発し直感力の部分で悟っていくことを一つの目標にしている。ノーベル賞の受賞者の話をよく聞くと、閃《ひらめ》きや偶然という言葉がよく出てくる。ノーベル物理学賞を受賞した湯川秀樹氏は最後の突破口を自分の直感力で切り開くということを述べていた。科学も最後の一線を越えるのは直感ということだろう。

私が願うこと

私が三十三年前に坐禅断食会を始めたとき、当時のダイエットブームもあって参加者は健康の維持や病気の改善のためというのがほとんどだった。精神的な問題を持っている方もおられたが、それらを全部考慮に入れても坐禅断食は非常に効果が高い療法だと思う。深い呼吸法で腸が元気になり、その結果病気が改善されたり、坐禅三昧で精神が高められたり、お坊さんになりたいと思う人も出てくる。指導者冥利に尽きる。それでも私が最終的に願うのは、からだが本来持っている素晴らしい身体能力に目覚めてもらいたいということである。

そして、自分の能力を使って、他の人を救いたいという願いを持つことこそ、より一層自分の能力を高めることにつながると思う。それには邪心がなく、純粋に奉仕の心に徹する必要がある。実際、がん患者ばかりで、断食をやったときに、がんが転移している重い方が、自分より軽い方の具合を心配したり、いたわったり、背中をさすったりされるということがあった。これが全体に及び、みなが他の人を気遣う断食会となった。その会は今までにないよい結果となり、これを経験した人は最期、病院で、医療スタッフの顔を見るたびに、「ありがとう、あなたは元気ですか」と言って励ましたそうで、病院スタッフはそれを、とても印象深かったと伝えている。

現代では脳科学という分野が発達し、脳の働きが注目されて誰もが脳が重要だと思っている。ただ、脳は個体としての生命の司令塔とされているが、からだはすべて脳に支配されているわけではない。脳の配線はその人が生まれてからできあがったものだから、どう考えても百年に満たない。これに対して細胞のほうは何十億年も生きながらえている。どちらが生命の真実を語ってくれているだろうか。行者は生命の真実を見つけようとしたのであり、からだにその真実が隠されているということを見破ろうとしたのである。覚醒するということは、命の真実を知ることであった。

人間は約六十兆個の細胞からなる一個体としてよりよく生きようとし、同時に一個一個の細胞もそれぞれ生きようとしている。そのからだに焦点を合わせてみると、細胞同士が助け合い、内臓同士も助け合って生きている姿が見える。からだに訊くとは、細胞の意見を聞くことでもある。断食をすると、その細胞の声が聞こえてくる。私は皆さんにその声を聞いてほしいと願う。

坐禅で深い呼吸をしたり、何か物事に集中すると、思考による雑念が取り払われ、細胞自体が命を輝かせるために最善の働きをしようとする。すると本当に困ったときに、からだが瞬時に答えを出してくれる。それは常に正解であり、からだはどんな思考もかなわない正しい存在となりえるのだ。からだがすべてである。

おわりに

以前に、ある出版社から「からだがすべて」というお題をいただいた。このからだがあってこそ自分の人生を生きられるわけで、からだの大事について考えてみた。すると私の人生の大方には「五体投地」という修行があり、このからだを使った祈りの時間が今の自分をつくってきたように思えて感慨深かった。それでペンを執ってみるとどうしても五体投地の話ばかりになり、だんだん自慢話のように思えてきて止《や》めてしまった。

それを再度書き始めたきっかけは、円覚寺の横田南嶺老師にお会いしたことからである。シスターの鈴木秀子先生から、老師は修行が人格となって現れている方だと伺っていて、実際にお目にかかるとまさにその通りの人物だった。その老師が大変お忙しいなかで五体投地を始められ、それも長く続けられていたのである。私にとって礼拝の姿勢というものを考え直すよい機会となった。五体投地を続けていく力もいただいたように思える。

また、このたびは巻頭に有り難くも「発刊に寄せて」を書いていただき、感謝の念に堪えない。

最後に、体験記を寄稿してくださった船戸崇史医師、佐々木康行さん、丸山鈞さん、そして文書のライターをしていただいた山崎佐弓さんにお礼を申し述べたい。

有り難うございました。

野口法蔵（のぐち・ほうぞう）

1959年、石川県生まれ。禅僧、「坐禅断食」指導者。千代田工科芸術学院写真科卒業。新聞社勤務を経て北インド・ラダックのチベット仏教僧院リゾン寺にて出家し、3年間修行生活を送る。その後、スリランカでのヴィパーサナ（ヴィパッサナー）修行などを経て帰国、臨済宗妙心寺派で得度する。一日数時間にもおよぶ五体投地（礼拝行）と、断食に坐禅を取り入れた坐禅断食会の主宰・指導はともに30年を超える。おもな著作に『オンマニベメフン』『直感力を養う坐禅断食（新装版）』『坐禅断食のススメ』『これでいいのだ』（以上七つ森書館）、『坐禅断食』（よろず医療会ラダック基金）、『悟りから祈りへ』（鈴木秀子氏との共著、佼成出版社）などがある。

からだで悟る！——断食僧が教える「悩まない身心」のつくり方

2024年5月30日　初版第1刷発行

著　者　野口法蔵

発行者　中沢純一

発行所　株式会社佼成出版社

〒166-8535　東京都杉並区和田2-7-1
電話　(03) 5385-2317（編集）
　　　(03) 5385-2323（販売）
URL　https://kosei-shuppan.co.jp/

印刷所　錦明印刷株式会社

製本所　株式会社若林製本工場

◎落丁本・乱丁本はお取り替えいたします。

ISBN978-4-333-02921-1　C0015　NDC186/208P/19cm